AF346552

EXTRAITS

DES

MÉMOIRES D'ANTOINE TORTAT

1775-1847

EXTRAIT DE LA CORRESPONDANCE HISTORIQUE
ET ARCHÉOLOGIQUE

Années 1908 à 1911

ANTOINE TORTAT

Extraits des Mémoires

d'Antoine Tortat

1775-1847

PARIS

LIBRAIRIE SPÉCIALE POUR L'HISTOIRE DE FRANCE

HONORÉ CHAMPION, ÉDITEUR

5, Quai Malaquais, 5

—

1911

EXTRAITS

DES

MÉMOIRES D'ANTOINE TORTAT

(1775-1847)

Né à La Châtre en 1775, attaché au Comité de législation de la Convention nationale en 1794, avoué à Montaigu, maire de Bourbon-Vendée en 1815, procureur du roi en 1831, retraité en 1848 avec le titre de président honoraire au siège de Saintes, Antoine Tortat écrivit, pour ses enfants, une autobiographie, en vingt-cinq jours (du 23 avril au 7 juillet 1853), à soixante-dix-sept ans ; travail presque sans rature et resté inachevé. Il mourut à Ransannes, commune de Soulignonnes, le 30 juillet 1856.

On a éliminé, de ces Extraits, des notes intimes qui n'offriraient aucun intérêt, quelques passages trop personnels pour sortir du cercle des confidences d'un père à ses enfants. On a scrupuleusement respecté le récit et les jugements portés sur les hommes et les choses. Le fragment présenté en tête est empreint des sentiments de la jeunesse de thermidor. Il ne fera point oublier le mot de Berryer à la Chambre des députés, à la séance du 16 janvier 1839 : « Je remercie la Convention d'avoir sauvé mon pays. »

C'est par erreur qu'Antoine Tortat se croyait issu d'un gouverneur de La Châtre.

L'inscription à laquelle il fait allusion a été reproduite sur la grosse cloche actuelle de l'église Saint-Germain ; la voici :

1

Christe nobis tibi devote famulantibus, apostoli tui Jacobi precibus clemens adsis et propitius. S. Pallienne priori S. Baucheron, Me Darthuy, P. Donguy, L. Tortat, eschevin et gouverneurs, F. Barion, recepveurs, M. Pallienne parrin et Marguerite Bergier marreine, Abraham de la Paix de Lorraine m'a faite en l'an 1611 ; Bollée d'Orléans et ses fils m'ont refaite en 1864, mon parrain a été M. Charles Delavau, maire de la Châtre et député, ma marraine a été Mme Anne Zénaïde Dorguin-Delavau, née Noël Pallienne, M. Pignet, archiprêtre, curé de La Châtre.

Ici, *gouverneur* signifie préposé à un quartier, à une attribution spéciale.

Le nom de Jehan Tortat figure à une transaction des habitants de la châtellenie de La Châtre avec Guy de Chauvigny, leur seigneur, faite le 10 février 1462, devant P. Grimaut et J. Boulier, notaires à Issoudun, publiée dans l'*Écho de l'Indre*, par M. Léon Mauduit. Le manuscrit inédit des *Recherches sur la ville de La Châtre de feu M. Baucheron Boisvignault*, indique un Tortat, notaire en 1530.

La filiation certaine commence en 1659, avec Etienne Tortat, époux de Germaine Doré.

Ma Famille. — Ma Naissance.

En 1610, la ville de La Châtre, département de l'Indre, était entourée de fortifications. L'un de mes ancêtres, qui en était le gouverneur, fut le parrain d'une très grosse cloche, subsistante encore dans le clocher de l'église de Saint-Germain. En 1785, M. Pierre-Antoine Tortat, mon grand-père, qui était notaire depuis 1739, mourut, laissant dix enfants, appelés à sa succession, sans compter une religieuse des Ursulines de Châtillon et un récolet, qui, morts civilement, n'eurent que de minces pensions viagères.

M. Tortat, mon ayeul, était, en 1760, veuf pour la seconde fois ; il eut la pensée de se remarier, et n'y renonça que sur la promesse qu'il obtint de mon père, d'épouser Mademoiselle Marie-Anne Rousseau, personne très vertueuse, mais âgée de 27 ans, quand mon père n'en avait que 21.

Il en est né cinq enfants, dont je suis le dernier. Ma mère, parvenue à sa 43ᵉ année, n'avait pas eu d'enfants depuis six ans lorsqu'elle devint enceinte de moi. Elle me mit au monde le 30 octobre 1775, à six heures du matin.

Mon père, avant la Révolution, était procureur à la prévôté royale et sénéchal ou procureur fiscal de plusieurs juridictions seigneuriales. Lors de la suppression du régime féodal, il devint avoué licencié au tribunal de district de La Chàtre. Les tribunaux de district, supprimés par la constitution dictatoriale de l'an III, furent remplacés par un tribunal au chef-lieu de chaque département. Mon père ne jugea pas à propos de se transporter à Châteauroux près du nouveau tribunal ; mais on s'empressa de lui confier le secrétariat de l'administration municipale, qui comprenait alors tout le canton. C'est dans cette position qu'il est mort, vers le mois de juin 1796.

Cinq enfants étaient issus du mariage de mes père et mère. Mon frère aîné, mort en 1807, laissa une seule fille, mariée au docteur Néboux. L'un et l'autre sont décédés et sont représentés par M. Néboux, médecin et chevalier de la Légion d'honneur, demeurant à Paris, rue du Faubourg-Saint-Honoré, 83.

Ma sœur aînée, fort belle personne, mariée à M. Jouerme, négociant à Issoudun, est morte en 1794, sans enfants, laissant sa modeste fortune à son mari.

La plus jeune de mes sœurs, fort spirituelle, mais maladive, est morte avant la Révolution.

Le cadet de mes frères, mort en 1846 ou 1847, n'a laissé qu'un fils, M. Pierre-Gabriel Tortat, ancien notaire et actuellement propriétaire à La Châtre, où il jouit d'une considération générale et méritée. De son mariage, contracté en 1835 avec Mademoiselle Basset du Colombier, est issue une jeune fille nommée Marthe, en ce moment au couvent du Sacré-Cœur à Bourges.

Ainsi, de la nombreuse famille de M. Pierre-Antoine Tortat, mon ayeul, il ne reste que moi, mon neveu Pierre-Gabriel et vous, mes dignes enfants. Les autres membres de cette branche sont tous décédés. Une fille, cependant, avait épousé un lieutenant de gendarmerie dans l'Auvergne ; mais je n'ai jamais su les suites de cette alliance.

Mon père, doué du plus heureux physique et d'une intelligence remarquable, jouissait d'une confiance générale. Il en reçut le témoignage le plus flatteur en 1790, lors de la première organisation des municipalités. Il en fut nommé le procureur syndic, en l'emportant sur d'honorables concurrents qui alors se disputaient ces places.

Mais la Révolution, qu'il avait d'abord accueillie avec bonheur, fut promptement amenée à de déplorables excès, contre lesquels il se prononça avec énergie. Les démagogues, les terroristes, le traitaient d'aristocrate, de suppôt des nobles ; ils insultèrent ma pieuse et respectable mère. Sans la chûte de Robespierre, le 9 thermidor, d'inévitables persécutions seraient certainement survenues.

A la mort de mon père, mon frère liquida loyalement la succession ; grâce à Dieu, personne n'eut rien à perdre et nous pûmes laisser à notre pauvre mère, outre un mobilier suffisant, des immeubles d'un revenu d'environ 400 francs. C'est avec cela que cette digne femme, après bien des ennuis, a pu vivre jusqu'en 1806.

En réalité, mes pauvres enfants, je n'ai pas recueilli un sou de ma famille.

La suppression de la vénalité des offices porta un coup funeste à la position de mon père. Il avait eu, par le testament de mon ayeul, pour sa part héréditaire, l'office de notaire, dont le testateur était mort titulaire, et son office de procureur à la prévôté royale, formait aussi une valeur importante. Tout cela fut remboursé avec quelques assignats, pour une somme insignifiante. Les minutes de mon grand'père, restées longtemps entre nos mains, donnèrent lieu, pendant plusieurs années, à des produits importants d'expéditions que de complaisants notaires signaient à notre profit ; mais finalement il a fallu remettre ces minutes aux mains d'un notaire qui, plus tard, les a transmises, avec son titre, à mon neveu.

Mon enfance, mes études, mon adolescence.

J'étais le filleul de ma sœur aînée et ses soins caressants me la rendaient particulièrement chère. Mon père, mon ayeul étaient pleins d'indulgence ; mais ma mère était beaucoup plus sévère.

Je n'ai que tardivement reconnu et apprécié tout ce que valait cette digne et respectable mère ; elle était en ville un objet de vénération.

Mes premières années ont été celles d'un enfant gâté, un peu volontaire. A neuf ans, lorsque je savais lire et un peu griffonner, je fus envoyé comme externe au collège de La Châtre, dont M. Néboux, ayeul du docteur Néboux, de Paris, était le principal. Mes succès ne furent pas grands ; je savais mal mes leçons ; je n'avais nulle aptitude aux règles de la langue latine et on me traitait sans cesse de paresseux. Je suis bien obligé de reconnaître qu'on avait raison. On me grondait souvent à la maison ; mon grand'père et ma sœur aînée prenaient pourtant mon parti ; ils me parlaient raison et pendant quelque temps les études allaient mieux. Enfin arriva le tems où il fallait composer en versions sérieuses, qui exigeaient de la réflexion, du jugement, du goût et j'eus là des succès qui causèrent une grande satisfaction dans ma famille ; porté alors au premier rang, il me fallait souvent en descendre et subir l'humiliation d'être un des derniers en thèmes. J'étais laissé bien loin en arrière par des buses ; mais c'étaient des sujets laborieux, que l'on répétait avec soin, tandis que j'étais abandonné à mes seules forces : mon père, fort occupé de l'exercice de sa profession, ne s'occupait jamais de mes devoirs.

J'allai ainsi jusque vers la fin de ma troisième, mais la Révolution avait marché ; les jeunes gens de la ville s'étaient, comme partout, enrôlés volontairement et l'esprit d'alors avait tellement séduit les jeunes têtes du collège, que nous faisions l'exercice, pendant nos récréations, avec des bâtons ou des triques. Le collège, presque désert, fut fermé, et je restai alors attaché à l'étude de mon père. J'y travaillais peu : j'aimais mieux suivre les exercices militaires que mon frère aîné, ancien sergent-major du régiment d'Enguin, enseignait à ses amis. Il était commandant en second de la garde nationale, dont M. le marquis de Vilaine, maréchal de camp, était le colonel. J'avais une grande aptitude à ces exercices ; je les enseignais à mon tour aux jeunes gens de mon âge ; nous nous formâmes en une compagnie que l'on nomma l'*Espérance de la Patrie*. J'en fus le capitaine et je la dirigeais d'une manière remarquable lors des fréquentes cérémonies que les circonstances provoquaient.

Mon père, qui avait été sénéchal ou procureur fiscal des juridictions féodales dont le marquis de Vilaine avait été le seigneur, était demeuré conseil de cette maison ; mon frère aîné était dans la bienveillante intimité de ce noble et haut personnage. Moi-même, dans mon extrême jeunesse, j'avais été souvent bercé sur les genoux de la marquise, et sans les malheurs, sans les crimes qui ont tout bouleversé, nous avions là une protection qui nous eût certainement été fort utile.

Parvenu à l'âge d'environ seize ans, je m'échappai un jour de la maison paternelle et, accompagné d'un nommé Lecamus, assez mauvais sujet, je me rendis à Châteauroux et je m'engageai à M. Aucapitaine, commandant dans le régiment d'Acquitaine, où servait mon frère cadet, alors en garnison à Longwy. Je reçus, pour mon engagement, 30 livres.

Je mentionne ici que mon frère aîné, engagé et racheté deux fois par mon père, était parti après un troisième engagement, pour rejoindre le régiment d'Enguin, sous les ordres de M. le comte de Montazet, du château de Plassac, mari d'une nièce du marquis de Vilaine. Mon frère cadet avait aussi été racheté deux fois d'engagements inconsidérés et avait rejoint le régiment d'Acquitaine, après un troisième engagement, contracté avec M. le capitaine de Boislinard.

Cela vous fera comprendre, mes chers enfants, comment, ayant la tête tournée par les excitations du tems et les exemples de mes frères, j'avais voulu aller à l'armée.

Le lendemain de cette équipée, comme je revenais avec ce Lecamus, qui s'était bien gardé de s'engager, nous rencontrâmes mon père et mon frère aîné qui, ayant su la direction que nous avions prise, couraient à Châteauroux, où ils pensaient me retrouver. Cette apparition me troubla, je m'attendais à une dure réprimande, à des reproches. Il n'en fut rien ! Mon père et mon frère me parlèrent avec une grande douceur ; mais ils touchèrent mon cœur par des marques si vraies de l'affection, de l'intérêt qu'ils me portaient, que je dus me soumettre, non sans peine, au sacrifice qu'ils exigeaient de moi. Je les suppliai avec instance et sans succès de me laisser partir. Mon père, qui savait qu'à raison de mon âge l'engagement que j'avais contracté était nul, en obtint facilement la remise, et il rendit à M. Aucapitaine les 30 francs que j'avais reçus et à peu près mangés. Le lendemain, on me conduisit chez M. le marquis de Vilaine, qui m'embrassa et me gronda doucement de ce coup de tête.

« Allons, mon cher enfant, me dit-il, ne faites plus de chagrin à votre famille. Vous voulez servir ; c'est bien. Quand le moment sera venu, c'est moi qui me chargerai de votre avenir, » etc.

Force me fut donc de rentrer à l'étude de mon père ; mais j'étais lié avec des oisifs, des viveurs et je m'abandonnai au jeu de billard où j'avais des succès, au jeu de la boule ; ces exercices étaient suivis de collations dans des cabarets. Mon père hasardait bien quelques représentations, ma mère gémissait ; mais les choses ne s'amélioraient pas. Cependant, je fus nommé, sous le prête-nom d'un cousin, qui signait pour moi, secrétaire d'un bureau de conciliation qui avait été formé près le tribunal de district. Cette place m'occupait utilement pour mon instruction et me procurait, avec les expéditions, environ trois cents francs. Je devins assidu aux travaux de l'étude ; je donnai des soins à ma toilette ; on m'invita aux bals de la bonne société et, prenant alors soin de mon avenir, je n'étais plus cité pour un mauvais sujet. Il faut bien dire aussi que les compagnons de mes dissipations, qui se trouvèrent de la réquisition des jeunes gens de dix-huit ans à vingt-cinq ans, étaient tous partis. J'échappai à cette levée extraordinaire d'hommes, parce que je n'avais, lors du décret de la Convention nationale, que dix-sept ans et dix mois.

Les événements du 10 août 1792 décidèrent M. le marquis de Vilaine à émigrer. Mon frère aîné voulait, malgré nos représentations, le suivre en pays étranger, le marquis s'y opposa. C'était la plus haute marque d'affection qu'il pût nous donner ; car il rendait bien vivement à la famille, et surtout à mon frère, le dévouement que nous lui portions. Ce digne et valeureux général est mort à la tête d'une légion d'émigrés qu'il avait formée sous le nom de légion de La Châtre.

Ces circonstances avaient transpiré et ameuté la canaille qui surgit partout, dans les moments critiques, contre mon père et mon frère. Le martire du Roi, qui souleva d'indignation et accabla de douleur tout ce que la France renfermait d'honnêtes gens, nous avait particulièrement consternés ; mon père, menacé journellement dans sa liberté, se renferma dans son intérieur et s'occupa sérieusement de son cabinet. C'est aussi pendant ce tems d'épreuves que je travaillai assidûment, et les leçons de procédure que je reçus alors m'ont été bien utiles, lorsqu'il m'a fallu aborder le barreau.

La guerre de la Vendée, commencée avec un ensemble admirable le 13 mars 1793, avait grandi dans les plus menaçantes proportions. La prise de Saumur fut suivie de celle de Chinon. L'armée vendéenne menaçait Tours ; ses chefs espéraient la conduire à Paris. Le directoire du département d'Indre-et-Loire demanda alors un secours au département de l'Indre. Le directoire de l'Indre ordonna la levée d'une compagnie de secours par district.

J'avais alors plus de dix-huit ans et j'aurais certainement été requis de marcher. Mon père, en homme de résolution et devinant mes intentions, me fit comprendre qu'il ne fallait pas attendre une mise en demeure. Nous allâmes au district offrir mes services et on se réunit promptement à Châteauroux pour organiser le bataillon. La compagnie d'Issoudun, composée en partie de réquisitionnaires et de gens mariés, mais peu instruits, put avec peine trouver ses officiers. J'en fus nommé sergent-major-porte-drapeau. Pendant un séjour de quatre mois à Tours, qui était encombré de troupes, je n'eus aucune fatigue de service. Une seule fois, nous bivouaquâmes pendant vingt-quatre heures, tandis que l'on procédait à l'arrestation de cinq à six cents prétendus aristocrates. Je vivais dans l'intimité des officiers ; je fréquentais le même café. On y jouait la poule aux corsets (assignat de cinq livres), et comme j'étais fort habile dans cet exercice, j'y trouvais des ressources plus que suffisantes pour me soutenir honorablement.

Au bout de quatre mois, arriva l'ordre de dissoudre le bataillon, de licencier tous ceux qui n'étaient pas de la réquisition de dix-huit à vingt-cinq ans et incorporer les autres. Le général Desclozeaux, chargé de cette opération, regrettait de me voir partir ; il m'offrit une place de sous-lieutenant. J'avais grande envie de l'accepter ; mais mon père, que j'avais consulté, s'y opposa formellement ; je revins à mon étude.

Mon départ spontané dans le bataillon de secours, le récit de la conduite que j'y avais tenue, avaient un peu calmé les démagogues. On citait comme une action presque héroïque, de ma part, un acte qui, à le bien prendre, n'était qu'une infraction à la subordination : en voici les circonstances.

Un ancien militaire, dont je ne me rappelle pas le nom, avait quitté sa boutique de cordonnier, pour être capitaine de la compagnie du district d'Argenton. Il faisait le crâne et se permettait de sottes plaisanteries. Prétendant un jour que je tenais mal mon drapeau, il me traita de blanc-bec. J'avais bien un peu provoqué cette réponse en lui disant : « Soyez tranquille, devant l'ennemi je saurai le tenir et le défendre mieux que vous ! » Mais le mot de blanc-bec me pesait sur le cœur. J'allai, après la revue, le provoquer en duel : il accepta ; le combat eut lieu au sabre ; je le désarmai et me trouvais maître de sa vie. « Allez, lui dis-je, vous êtes père de famille et je me tiens pour satisfait ; voilà comment se conduisent les blancs-becs de mon espèce. » Il se le tint pour dit, malgré quelques simagrées pour recommencer un combat auquel les témoins s'opposaient. Par-dessus le marché, on le blâma d'avoir ôté ses épaulettes et d'avoir accepté un combat singulier avec son inférieur. Mais ce qui m'excusa, c'est qu'il passait pour l'insulteur. Du reste, cet acte de vigueur eut un bon effet parmi mes camarades et même aux yeux des officiers que je fréquentais.

La Convention, assiégée de difficultés, de périls, ayant à soutenir une guerre à mort avec la Vendée, les émigrés et les puissances étrangères, prenait les mesures les plus énergiques pour organiser les armées et leur procurer des munitions. Dans ce but, des ateliers de salpêtrerie durent être organisés partout. Un nommé Pouradier Duteil, prêtre marié, le père de celui que Madame Dudevant (George Sand) fit nommer, en 1848, procureur général de Bourges, avait reçu la commission d'inspecteur du district de La Châtre pour l'extraction du salpêtre ; je fus nommé son adjoint, par la Société populaire, à laquelle le directoire du district s'en était rapporté. Mes appointements étaient de trois livres par jour. Nous nous partageâmes le district, et j'organisai assez facilement, dans les communes de mon ressort, des ateliers de lessivage ; mais lorsqu'il me fallut arriver à la distillation des eaux salpêtrées, au fourneau que j'avais fait construire à Sainte-Sévère, je n'obtins qu'une espèce d'eau bourbeuse, qui n'a pas dû être d'un grand secours pour les arsenaux.

Sur ces entrefaites, le 9 thermidor survint, Robespierre et sa clique payèrent de leurs têtes les crimes, les assassinats politiques dont ils avaient épouvanté la France. Les honnêtes gens respirèrent, et mon père qui, après ma campagne de Tours, avait écrit à M. Porcher de Richebourg, son voisin et son ami, alors conventionnel non régicide, reçut une lettre de ce représentant qui lui disait : .

« Mon cher ami, je n'ai pu, lorsque tu m'as demandé de faire placer ton fils à Paris, songer à te satisfaire ; mais je n'ai pas perdu un seul instant de vue l'objet qui te préoccupait. Je suis heureux de pouvoir te dire aujourd'hui que tu peux m'envoyer ton fils : il sera admis comme secrétaire commis, au Comité de législation, dont je viens d'être nommé président, aux appointements de deux mille francs. » Mon père m'ayant transmis cette bonne nouvelle, je laissai à un chef ouvrier la conduite de mon fourneau de Sainte-Sévère et j'allai embrasser mes parents qui étaient bien contents. Deux ou trois jours après, je partis pour Paris, où j'arrivai au mois de fructidor an trois [*erreur : c'est an deux*] (*Août* 1794).

Mon séjour à Paris.
Événements dont j'ai été témoin ou auxquels j'ai pris part.

Par économie, j'avais fait à pied la route de La Châtre à Issoudun ; je m'arrêtai deux jours chez ma sœur, et je continuai mon chemin à pied jusqu'à Vierzon, d'où je me rendis à Paris par des voitures.

M. Porcher de Richebourg, chez lequel je me présentai, me reçut de la manière la plus gracieuse. « Je vous ai fait préparer, me dit-il, un cabinet aux mansades ; vous y passerez votre premier mois, en mangeant à ma table. Ensuite vous pourvoirez à vos besoins ; vous n'êtes pas mis comme il faut, Avant d'entrer au Comité, changez ce costume, un peu trop provincial ; mon tailleur vous attendra pour le paiement. » Je voulus bien faire quelque façon avant d'accepter ; mais il me ferma la bouche en disant : « J'ai mandé à votre père que cela serait ainsi : vous n'êtes pas riche et vous resterez ici. »

Mr Porcher de Richebourg avait été reçu docteur en médecine à la faculté de Montpellier ; mais il n'avait jamais exercé que pour quelques pauvres. Il avait, avant la révolution, occupé la place de subdélégué de l'intendant (espèce de sous-préfet) et celle d'entreposeur des tabacs ; mais à l'organisation des tribunaux de district, en 1790, il devint commissaire du gouvernement. Il avait étudié avec mon père. Nous demeurions porte à porte et les dames Delaronde, sa belle-mère et ses deux belles-sœurs, étaient excellentes pour mes sœurs. Je me rappelle surtout Mademoiselle Brigite Delaronde, qui était bien gentille et que j'embrassais avec grand plaisir. Madame de Richebourg était morte jeune, laissant un fils un peu moins âgé que moi.

Lors de la convocation des électeurs, en septembre 1792, ils furent appelés à nommer une Convention nationale qui devait être composée de 750 députés. M. de Richebourg, qui affichait des opinions très avancées, fut nommé membre de la Convention. Il prit part au procès du Roi, et vota pour une détention temporaire. Il pensa, un peu plus tard, payer cher cet acte de courage et de probité politique. Fort lié avec Lanjuinais et les Girondins, mais prudent et même un peu pusillanime, il s'effaça de manière à rester dans l'oubli. C'est à raison de cette position circonspecte à l'excès, qu'il avait négligé ou plutôt qu'il s'était abstenu de répondre à mon père, tant qu'il avait eu à redouter la terrible et expéditive justice des montagnards.

J'aurai souvent à parler de ce personnage, qui a été pour moi de la plus touchante bonté ; aussi n'ai-je jamais trahi l'affectueuse reconnaissance que je lui devais. Son jeune fils devint pour moi un objet de tendres égards et je l'aidais souvent pour ses devoirs.

Grâce à mon protecteur, je fus placé dans la division judiciaire du Comité de législation. Il n'y avait pas alors de ministres. C'étaient les Comités de la Convention nationale qui en avaient usurpé les fonctions, lorsque, le 21 septembre 1792, l'assemblée avait aboli la royauté et décrété la république. On appelait notamment Comités de gouvernement les Comités de salut public, de sûreté générale et de législation. Les membres de ces Comités se réunissaient fréquemment en Conseil de gouvernement toutes les fois qu'il s'agissait de quelque grande mesure générale.

J'avais pour chef de division M. Poussielgue. Cette division comprenait l'organisation et l'administration de la justice. Le chef du bureau d'administration était M. Déléguille, ancien professeur au collège où avait été élevé Napoléon Bonaparte. Le sous-chef, sous lequel je fus placé, comme expéditionnaire, était M. Guyot-Desherbières (*sic*), homme de science, qui avait la correspondance avec les officiers du ministère près les tribunaux de district. Autant que je puis m'en rappeler, ces officiers, en général, n'étaient pas forts, car il fallait souvent les rappeler aux dispositions de la loi du 10 août 1792, concernant la nouvelle organisation judiciaire et aux règles de la compétence. M. Locré, secrétaire général du Comité, me prit en amitié et me désigna, certainement à la prière de M. de Richebourg, pour l'un des dix secrétaires-commis des séances du Comité. Un jour, par chaque décade, était assigné à chacun. C'était une grande faveur, parce que ces réunions offraient le plus haut intérêt. Un employé supérieur tenait la plume et était spécialement chargé de la rédaction des procès-verbaux ; mais le commis qu'il avait sous ses ordres, à chaque séance, devait aussi tenir des notes des discussions, en rendre compte le lendemain, et si, pendant la séance, il y avait nécessité d'avoir des lois, des pièces, des renseignements, le commis de service allait les chercher. Chacun des dix secrétaires adjoints avait en outre une carte qui lui permettait d'entrer dans la salle des séances de la Convention nationale, pour y porter des pièces au président ou pour tout autre besoin du service. J'ai bien souvent, comme on le verra, assisté aux brûlantes discussions de la Convention ; mais je ne me rappelle pas d'y avoir jamais été pour le besoin d'un service.

Lorsque, pour la première fois, je fus admis à une séance du Comité, elle était présidée par Cambacérès ; il avait succédé à M. de Richebourg, par suite de l'élection mensuelle. Je vis là Merlin de Douai, Berlier, Pons de Verdun, Oudot, Cavaignac (le père du général), Eschassériaux l'aîné, etc.

Le Comité s'occupa, ce jours-là, d'une foule de demandes en radiation, formées par des émigrés. A cette époque, deux mois environ après la chûte de Robespierre, les idées étaient à la réaction ; l'opinion publique était exigeante ; les membres du Comité le sentaient ; mais plusieurs résistaient à cette tendance. Ils suspectaient, sous le moindre prétexte, les

pièces produites, qui étaient, la plupart du temps, je le crois
bien, l'œuvre de la complaisance. Cependant, une majorité, où
figurait constamment mon digne patron, accordait presque
toujours les radiations demandées. On ne peut s'imaginer les
séductions dont étaient entourés les membres du Comité.
Madame Pezet de Corval, femme divine d'un notaire, qui
habitait la rue du Four-Saint-Honoré, faisait de fréquentes
visites à M. de Richebourg chargé du rapport d'une demande
qui intéressait un de ses oncles. Elle me vit un jour au
bureau du rapporteur, dont j'étais devenu le secrétaire intime,
au point que j'étais initié même dans ses bonnes fortunes. La
belle solliciteuse crut, sans doute, que je pourrais lui être
utile ; elle m'invita à une soirée de musique et fut fort aimable
pour moi. Un peu plus tard, par le conseil de mon patron, j'allais chaque soir travailler à l'étude et faire quelques expéditions
des actes parfaitement rédigés par M. Pezet de Corval ; car,
sachant que j'allais là uniquement pour m'instruire, on me
choisissait les conventions les plus sérieuses. Je ne pus néanmoins continuer longtemps ce surcroît de travail, parce qu'il
me privait de spectacle, où je voulais aller souvent. Le
matin, j'étais à la disposition de M. de Richebourg, quand il
avait besoin de moi. Il lui était bien facile de me faire appeler, car je m'étais, au bout de mon mois de faveur, logé en
face de son hôtel, rue du Doyenné.

Le Comité siégeait, lors de mon arrivée, au palais des Tuileries, pavillon Marsan ; mais il fut bientôt établi à l'hôtel
Coigny, sur le Carouzel. La Convention nationale tenait ses
séances aux Tuileries. Le Carouzel était encombré de bâtiments et rien ne le séparait du palais des Tuileries. Tout cela
est maintenant changé, puisque rien ne sépare plus les deux
palais du Louvre et des Tuileries.

MM. Deléguille et Guyot-Desherbières étaient parfaits pour
moi. J'avais de la vivacité, je détestais les terroristes, et ils
aimaient à me faire jaser. Je m'étais particulièrement lié
avec un jeune homme de Joigny et un nommé Desgenettes,
de la Palisse, mes collaborateurs. Chacun déjeunait économi-
quement chez soi, mais nous dînions ordinairement ensemble,
dans un petit restaurant de la rue Froimanteau, et de là,
nous nous permettions quelquefois la demi-tasse de café,
mais très souvent le spectacle. Nous n'avions, il est vrai,
qu'un traitement de 166 francs par mois, en assignats ; mais

alors, notre dîner, très passable, ne coûtait pas plus de trente-trois sous. Le parterre du théâtre de la République, où nous pouvions admirer Molé, Fleury, Contat, Mars cadette, Monvel, Talma, les Baptiste frères, Mesdemoiselles Raucourt, Desbrosses, Dugazon, etc., ne nous coûtait que trente sous ; les autres théâtres étaient dans la même proportion. Là, nous faisions chanter le *Réveil du Peuple,* chant de réaction sauvage, provoquant au meurtre des terroristes, et qui a produit, dans le Midi, d'horribles excès. Près du théâtre de la Montansier, au Palais Royal, dans le local occupé maintenant par le restaurant Véfour, il y avait un café qui n'était qu'une espèce de club. Là s'assemblait la jeunesse dorée, composée de tous les enfants des victimes de la terreur, et aux excitations de Martainville, Richer-Sérizy, Lacretelle jeune et autres orateurs, on se livrait, contre les terroristes, aux plus fougueuses menaces.

Le Réveil du Peuple se terminait originairement par le couplet que voici :

> Représentants d'un peuple juste,
> O vous, législateurs humains,
> De qui la contenance auguste
> Fait pâlir nos vils assassins !
> Suivez le cours de votre gloire,
> Vos noms, chers à l'humanité,
> Volent au temple de mémoire,
> Au sein de l'immortalité.

Comme on ne trouvait pas que la Convention fut assez sévère contre les terroristes, on substitua au couplet d'éloges celui que je place ensuite :

> Représentants d'un peuple bête,
> Vous, législateurs inhumains.
> Vous ne ne coupez plus la tête,
> Vous nous faites mourir de faim !
> Suivez le cours de la rivière,
> Depuis Paris jusqu'à Saint-Cloud ;
> Jamais, pour le bien de la terre,
> Vous n'aurez fait un si beau coup !

Paris était, dans l'hiver de 1794 à 1795, livré à une horrible famine. Chaque individu était taxé à deux onces de pain par jour... et quel pain ! Encore fallait-il faire queue chez les boulangers. Le portier prenait ordinairement mon pain et je trouvais moyen de déjeuner passablement chez moi. Mais au dîner, on nous servait, en guise de pain, des pommes de terre qu'il fallait manger avec la viande, qui, heureusement, ne manquait pas. Nous disions en plaisantant, qu'on nous servait du chat, pour civet de lapin, mais nous ne croyions pas à cette substitution.

Dans les bureaux du Comité, personne ne se gênait pour déblatérer contre les terroristes, et nous parvînmes à faire chasser quelques vieux jacobins compromis, qui avaient échappé à une première épuration.

Un journal de Fréron, intitulé l'*Écho du peuple*, enflammait les jeunes têtes. Un soir, mes amis et moi, qui assistions assez souvent (*sic*) au café du Palais Royal, que l'on appelait, je crois, café de Chartres, nous trouvâmes, dans le jardin du palais, cinq à six mille jeunes gens, parmi lesquels, par parenthèse, il y avait des gens de 50 à 60 ans. Il s'agissait d'aller démolir un tombeau élevé à l'horrible Marat, sur la place du Carouzel. Ce tombeau, dans lequel brûlait jour et nuit une lampe sépulcrale, était toujours gardé par une sentinelle. Nous suivîmes ce rassemblement, en tête duquel on portait, sur un brancard un mannequin coiffé d'un bonnet rouge ; il avait à la main un verre de sang et dans les plis de sa chemise un portefeuille et un poignard. On poussa droit au tombeau de Marat, qui fut promptement démoli. De là on fut devant la façade des Tuileries, où on coupa au mannequin, en guise d'amende honorable, le poignet droit. On alla ensuite brûler le mannequin dans la cour des Jacobins, et ses cendres, recueillies dans un pot de nuit, furent portées à l'égout Montmartre, au haut duquel fut planté un poteau portant cette inscription :

> Les massacres du 2 septembre
> Immortalisèrent mon nom,
> Mon urne fut un pot de chambre
> Et cet égout mon Panthéon.

Cette scène émut vivement les comités de gouvernement ; le comité de Sûreté générale mit en liberté une foule de gens qui avaient été arrêtés à la suite des événements de thermidor, et il devint évident qu'on voulait résister à la réaction.

J'ai dit que j'assistais fréquemment aux séances de la Convention ; cela arriva surtout au printemps de 1795, époque à laquelle M. de Richebourg était en mission dans le Loiret. J'allais chaque jour prendre les distributions auxquelles chaque député avait droit, et j'entrais dans la salle de l'assemblée, me plaçant sur l'une des banquettes du côté droit, qui étaient à peu près vides, car pas un député n'y siégeait, tous occupaient le côté gauche, et par force, faute d'espace, quelques banquettes du centre. Là j'étais témoin de discussions violentes. Tout le monde se tutoyait et la politesse était souvent négligée. Il y avait surtout un nommé Duhem, pauvre orateur, qui montait sans cesse à la tribune où il insultait tout le monde et recevait les plus vives apostrophes. Il y eut, au mois de germinal, quelques mouvements révolutionnaires ; les Jacobins avaient rouvert leur club et Billaud-Varennes y avait tenu les discours les plus incendiaires. On citait surtout cette phrase : « Le lion n'est pas mort, quoiqu'il dort, et l'instant où il se réveille est celui où il déchire sans pitié ses ennemis. » A cette occasion, les comités de gouvernement prirent quelque mesures vigoureuses. L'antre des Jacobins fut fermé et les sections de Paris, au nombre de 48, adroitement intéressées au succès des vues des comités, vinrent successivement faire remise à la Convention des canons qu'on leur avait distribués pendant le régime de la terreur. C'est Legendre, boucher de Paris, qui était président de la Convention. Il répondait à chaque députation qui venait pérorer à la barre, par des phrases courtes, énergiques, imagées qui personnellement me causèrent autant de surprise que de satisfaction. Elles étaient toujours suivies de chaleureux applaudissements. Je me souviens surtout de la réponse qu'il fit à la députation de la section de la Butte-Saint-Roch, qui avait fait allusion au discours que Billaud-Varennes avait prononcé aux Jacobins : « Citoyens de la Butte de Saint-Roch, dit-il, la Convention vous remercie de l'hommage que vous venez de lui faire de vos canons ; vous n'en avez plus besoin. Le gouvernement a la force et la volonté de protéger les honnêtes gens. Dédaignez de vaines menaces et retournez paisiblement à vos travaux ; nous tenons le lion par la crinière et nous ne le laisserons pas échapper. » (Tonnerre d'applaudissements.)

Peu de temps après mon arrivée à Paris, la Convention avait mis en accusation Carrier, Pinard et Grandmaison, pour les noyades et les assassinats qu'ils avaient commis à

Nantes. Je suivis assez assiduement les séances où Carrier, vivement attaqué, essaya de se défendre. C'était un homme long, à la figure blème, osseuse, portant encore les cheveux plats des Jacobins. Ses explications soulevaient des tempêtes. Le tribunal spécial devant lequel ces scélérats furent renvoyés les condamna promptement à mort. Je voulus assister à leur exécution, sur la place de Grève, devant l'Hôtel de Ville ; il y avait foule. Pinard et Grandmaison furent exécutés les premiers. Carrier, amené à son tour devant l'instrument du supplice, y parut d'une pâleur mortelle. Je fus saisi dans ce moment, non par pitié sans doute, mais par une expression indéfinissable, d'une défaillance qui m'eût jeté par terre, si je n'avais pas été soutenu par les personnes qui m'entouraient ; je ne vis pas tomber cette troisième tête et j'eus besoin de détourner les yeux de l'échafaud et de m'appuyer sur un brave homme pour reprendre mes sens. C'est la seule exécution que j'ai vue ; mais j'ai vu passer sur le pont au Change les 16 membres du tribunal révolutionnaire et Fouquier-Tinville, qui en avait été l'accusateur public. Ces monstres, qui avaient envoyé des victimes par milliers à l'échafaud, allaient à leur tour subir la peine qu'ils avaient si odieusement encourue. Ils furent tous guillotinés ; mais je n'eus pas la curiosité de voir ce lugubre spectacle. Lors de leur passage, la foule les insultait : quelques-uns montraient de l'audace ; Fouquier-Tinville disait : « Peuple, tu perds tes meilleurs amis ! » la plupart étaient attérés... il y avait de quoi.

Il y eut encore à la Convention des débats tout à fait dramatiques, sur la dénonciation qu'avait faite, à la tribune et dans la presse, Lecointre-Puyraveau contre Collot d'Herbois, Billaud-Varennes et deux autres membres du comité de salut public dont les noms me fuient. Ils eurent à se défendre de la mise en accusation portée contre eux, et ils le firent avec habileté. L'un d'eux, député du midi, avait une éloquence véritable ; c'est lui, qui, sous la terreur, colorait dans un langage brillant les plus épouvantables attentats ; son nom me revient : c'était Barrère de Vieuzac. Ils furent mis en accusation, condamnés à la déportation et conduits à Synnamarie (*sic*). Collot d'Herbois avait commis des horreurs à Lyon, où jadis il avait été comédien et sifflé ; mais les idées de vengeance avaient fait place à des sentiments plus doux.

Le parti jacobin espérait pourtant trouver une occasion de se relever de son abaissement et de se venger ; aussi ne négligeait-il aucune circonstance d'agiter le peuple. La pénurie des subsistances, qu'il présentait comme le résultat des manœuvres de l'aristocratie et de la complicité de la majorité corrompue des comités de gouvernement, lui fournissait de terribles arguments près d'un peuple affamé ; aussi put-il facilement ameuter, le premier prairial an IV [lisez : an III], les bandits des faubourgs et les amener, en armes, canons et mèches allumées, sur la place du Carouzel, en face du Palais des Tuileries. Les canons braqués sur la salle des séances, les factieux se portèrent en masse pour présenter une pétition. On refusa de les admettre. Le député Ferraud se transporta à la porte de l'assemblée pour défendre l'entrée ; il fut atteint d'un coup de pique, et les premiers scélérats qui forcèrent la porte lui tranchèrent la tête. Bientôt, ils envahirent toute la salle et promenèrent la tête du malheureux Ferraud au bout d'une pique. On a dit et imprimé bien des fois que cette tête avait été présentée à Boissy d'Anglas, président, qui avait gardé son sang-froid et sa dignité. Je n'étais pas à cette scène infâme ; mais nous en fûmes promptement informés dans les bureaux du comité, alors établis à l'hôtel Coigny, au Carouzel.

Personne ne parla dans le moment de cette circonstance. Ce qu'il y a de certain, c'est que cet affreux assassinat fut une cause bien naturelle de la suspension de la séance ; la majeure partie des députés se retira ; les factieux eux-mêmes revinrent sur la place ou furent chassés par les grenadiers de la Convention. Mais un peu plus tard, la séance reprit. J'y étais alors. Les factieux, toujours sur la place, demandaient à lire à la barre leur séditieuse pétition et ils menaçaient de faire usage des bombes et des canons pointés sur la salle de l'assemblée. La Convention, dans cette perplexité, décréta que quatre de ses membres se transporteraient près des factieux et essayeraient de les ramener à l'obéissance, à la raison. A l'instant on désigna MM. Barras, Bourdon de l'Oise, Goupilleau de Fontenay et de Richebourg. Lorsque je vis sortir ces députés, je m'approchai de mon patron et je le suivis sur la place. Ces messieurs firent des efforts inutiles pour déterminer les chefs de l'insurrection à se retirer ; toutefois, ils consentirent à se présenter au nombre de 15 seulement à la barre de la Convention pour y développer leurs plaintes et leurs demandes. Ils furent admis et lurent la pétition la plus incendiaire. Après avoir peint en termes énergiques, malheureusement trop fondés, la détresse du peuple, ils demandèrent des visites domiciliaires chez les fermiers, les aristocrates, la mort des accapareurs, l'élargissement des patriotes, c'est-à-dire des terroristes, etc., etc. Boissy d'An-glas n'était certes pas alors au fauteuil ; c'est Gossuin qui présidait. Il répondit avec dignité et fermeté. Voici à peu près dans quel sens :

« Citoyens, la Convention Nationale déplore plus que qui que ce soit les cruelles privations qui pèsent sur tout le monde. Elle s'applique chaque jour, vous devez le savoir, avec le plus sincère dévouement, à assurer l'approvision-nement de la capitale. Ces mouvements populaires, qui portent une si grave atteinte aux lois et à la tranquillité publique, inquiètent ceux qui pourraient le plus efficacement pourvoir à nos besoins. Prenez confiance dans notre résolu-tion de faire à tout prix cesser la détresse dont vous vous plaignez avec raison. Retournez à vos travaux et laissez les mandataires du peuple libres de s'occuper sans retard de leurs devoirs les plus sacrés. » Plusieurs députés applaudissent ; d'autres demandent, pour l'orateur, l'accolade fraternelle : mais le président dit : « La séance est levée. » Chacun alors se retira et vite je rejoignis mon patron, qui sortit du côté du pavillon de Flore. Nous fûmes rejoints par Bourdon de l'Oise, qui, fort signalé à la haine des factieux, crut prudent de ne pas retourner chez lui. Nous arrivâmes sans encombre rue Saint-Dominique-Saint-Germain, où M. de Richebourg était allé demeurer depuis peu. Il était presque nuit close lorsque nous entrâmes chez M. de Richebourg. La conversa-tion de ces messieurs témoignait d'une grande inquiétude sur les suites de l'insurrection. Sur les dix heures, je leur fis grand plaisir en leur proposant d'aller voir ce qui se passait vers les Tuileries. Lorsque j'y arrivai, la place du Carouzel était encore encombrée de monde ; mais personne n'y était en armes, sauf les sentinelles des grenadiers de la Convention et les patrouilles qui tâchaient de disperser les rassemblements A l'aide de ma carte, il m'eût été facile d'entrer à la salle des séances de la Convention qui était illuminée ; mais j'ai-mai mieux aller aux tribunes publiques, pour prendre des renseignements. A mon entrée, je sus que peu d'instants auparavant, Legendre, membre du Comité de sûreté générale, était venu à la tête de la section de la Butte des Moulins, et que, tambour battant et la bayonnette en avant, il avait forcé les factieux à évacuer la salle. Déjà grand nombre de députés prenaient leurs sièges. Bien vite je courus à la rue Saint-Dominique et, sur mon récit, MM. de Richebourg et Bourdon de l'Oise vinrent à la séance. J'y assistai aussi, sur une banquette du côté droit, où j'allai m'asseoir comme de coutume.

Là, il fut rapporté qu'après la séance levée par Gossuin, les factieux, protégés par quelques démagogues de l'assemblée, avaient continué la délibération. Prieur de la Marne avait occupé le fauteuil de la présidence ; Goujon, Romme, Bourbotte et Soubrany avaient pris les sièges des secrétaires ; des décrets infâmes avaient été rendus ; les membres des comités de gouvernement étaient mis hors la loi ; toutes les mesures inquisitoriales réclamées par la députation factieuse à laquelle Gossuin avait, quelques instants plus tôt, si dignement répondu, avaient été adoptées ; le maximum était rétabli, etc. C'est au milieu de ces criminelles manœuvres que Legendre était intervenu.

La Convention décida d'abord qu'il n'y avait pas lieu à délibérer sur les prétendus décrets qu'avaient rendus quelques factieux, au milieu des vociférations des assassins du brave député Ferraud. Puis, sur la proposition d'un membre, Prieur de la Marne, Goujon, Bourbotte, Romme et Soubrany, qui avaient occupé le bureau, furent mis hors la loi, ainsi que le chef d'artillerie qui avait toute la journée menacé la Convention des boulets rouges et des bombes braqués sur elle.

Le lendemain, Prieur de la Marne et les quatre secrétaires furent guillotinés ; le chef d'artillerie qui, disait-on, était un noir, ne put être arrêté que le 3 prairial et on le conduisit à la place de Grève pour être exécuté ; mais le peuple des faubourgs s'était porté là et délivra le condamné.

La Convention, informée de cet attentat, décréta que le siège serait fait du faubourg Saint-Antoine et que la remise du condamné serait réclamée sous les plus rigoureuses peines. A cet effet, Barras et Goupilleau de Fontenay furent chargés de diriger les troupes. En effet, le lendemain 4 prairial, les commissaires de la Convention Nationale, à la tête des troupes, se rendirent au faubourg Saint-Antoine, qu'ils trouvèrent dépavé, barricadé. Quelques coups de canon furent tirés, et la Convention, soutenue alors de l'assentiment de tous les honnêtes gens, était déterminée à poursuivre la répression de la révolte avec la plus grande rigueur. Mais l'artilleur fut livré, ainsi que ceux qui avaient dirigé la veille l'enlèvement de ce condamné à la place de Grève. Ce dernier fut immédiatement supplicié, et dès lors la tranquillité fut assurée, pour un temps du moins.

Lors du procès des Girondins, 73 députés, menacés du sort de ceux-ci et dont l'arrestation avait été ordonnée, étaient parvenus à se mettre en sûreté. Ils revinrent à la Convention, où on s'occupait d'une nouvelle Constitution. J'étais à l'une des séances, lorsque Lanjuinais, récemment de retour de son exil, parla, pour la première fois, de la nécessité de concentrer le pouvoir exécutif et de le séparer du pouvoir législatif ; mais on jurait encore haine à la Royauté et personne n'eût osé en proposer le rétablissement. La Constitution fut décrétée et on l'a constamment nommée la Constitution de l'an III. Il devait y avoir cinq directeurs, chargés du pouvoir exécutif qu'ils exerceraient par des ministres de leur choix. Le pouvoir législatif se composait d'un Corps Législatif de 500 membres et du Conseil des anciens formé de 250 membres. Les tribunaux de district furent supprimés et remplacés par un tribunal unique, au chef-lieu de chaque département. L'administration était exercée par des administrateurs de département, ayant près d'eux un procureur général syndic ; dans chaque canton, il y avait un président, et un adjoint dans chaque commune ; ceux-ci se réunissaient au besoin au chef-lieu de canton, où il y avait un commissaire du gouvernement, soldé. Mais la Convention, qui revenait par ses tendances, à ses instincts révolutionnaires, était dépopularisée ; elle le sentait et voulait à tout prix rester au pouvoir. Aussi décréta-t-elle, les 5 et 13 fructidor an III, qu'elle ne serait renouvelée que par tiers et que le Conseil des Cinq-Cents et celui des Anciens seraient formés des deux tiers restant et des députés à élire. Cela souleva, parmi les honnêtes gens surtout, une formidable opposition ; on s'agitait dans les sections de Paris ; on protestait contre les décrets, et à la section Lepelletier on en vint à les brûler sur la place publique.

A cette époque, M. de Richebourg était en mission en Normandie. J'avais, par sa protection, obtenu pour mon frère cadet, alors sous-lieutenant à l'armée d'Italie, une place de même grade, dans une légion de police qui allait se former à Paris. Il m'était arrivé depuis quelques jours, et logeait avec moi. Les assignats étaient successivement tombés dans une grande dépréciation, les employés pères de famille ne pouvaient vivre ni s'habiller. La Convention nous fit donner des bons pour avoir des draps, des denrées en riz, huile, etc. Quant à moi je n'étais pas trop malheureux ; j'avais fait la connaissance d'un nommé Félix Hacquin ; c'était le fils d'un brave homme, ancien receveur des rentes, qui s'occupait de négociations à une espèce de bourse qui se tenait au Palais Royal, près le passage du Péron (*sic*). Il achetait ou vendait de l'or pour des assignats. Mon frère aîné et mon beau-frère m'envoyèrent des valeurs, pour lesquelles je fis aussi des négociations fructueuses ; j'achetais, de quelques employés des comités, des bons de fournitures, qui n'étaient pas exigibles sur-le-champ et il suffisait de les garder quelques jours pour réaliser de beaux bénéfices. Enfin, mon frère recevait en nature des rations que nous crûmes devoir utiliser en vivant chez nous. Dans mon amour des spéculations et encouragé par mes succès, je m'avisai de vendre une certaine quantité de farine à compte de laquelle je reçus 10.000 francs en assignats. J'obtins un congé de dix jours pour aller dans ma famille ; mais mon but était de m'occuper de la livraison de la farine. Mon beau-frère Jouerme, que je vis à Issoudun, me dit qu'il risquerait sa vie s'il avait l'imprudence d'envoyer un sac de farine au dehors ; la famine était partout. Mon père, mon frère aîné m'en dirent autant et ils me firent sentir mon imprudence. Quelques jours plus tard, je repris la route de Paris, dans une carriole que conduisait mon frère. Nous partîmes tard de La Châtre, et nous étions près de Châteauroux, lorsque nous vîmes devant nous deux hommes armés de longues perches et deux autres sortir d'un fossé pour les rejoindre. Mon frère sauta rapidement à terre, et dit à un jeune homme qui voyageait avec nous : « Laîné, donne-moi mon sabre ! » Puis il intima aux gens qui semblaient vouloir nous barrer la route de passer au large. Ils le firent en grommelant et nous passâmes. Mais nous crûmes bien que ces gens-là avaient été épouvantés en entendant plusieurs voix, et que si la carriole eût été sous la conduite d'un seul, elle aurait été attaquée. Nous arrivâmes sans encombre à Paris, le 9 ou le 10 vendémiaire an IV (vers le 1ᵉʳ octobre 1794) (*Erreur matérielle ; c'est* 1795).

Journée du 13 *vendémiaire an IV.* — L'agitation des sections s'était beaucoup accrue ; on voulait empêcher la Convention de se perpétuer au pouvoir. La section Lepelletier était à la tête du mouvement ; elle siégeait près le théâtre Feydeau, au bout de la rue Vivienne, à peu près au lieu où la Bourse a été bâtie.

Là, Richer-Sérizy, Lacretelle jeune, Martainville et quelques autres rédacteurs de journaux, pleins d'audace et d'énergie, réchauffaient les esprits et poussaient à une insurrection dont ils donnèrent le signal, le 13 vendémiaire. Mon frère aîné était parti la veille, après avoir rendu à mon acheteur de farine, qui fut fort mécontent, les 10.000 francs d'assignats que j'avais reçus.

Dès le matin, le rappel battit dans toutes les sections, et cette fois, ce n'était pas la canaille qui y répondait ; tout ce que Paris renfermait de gens bien posés se prononçait ouvertement contre les décrets des 5 et 13 fructidor. On aura une idée de ce qu'était Paris, quand on saura que sur 225 employés du Comité de législation, 219 ne parurent pas à leurs places le 13 vendémiaire. Aussi la Convention, qui n'ignorait pas combien les fonctionnaires lui étaient opposés et prévoyant l'insurrection, avait-elle décrété que tout employé du gouvernement convaincu d'avoir pris les armes contre elle, serait condamné à vingt-quatre années de fers. Je ne fus nullement arrêté par cette menace. Je résistai à une circonstance bien autrement imposante à mes yeux ; mon frère, au moment où, armé de mon fusil, j'allais me rendre à ma section, se jeta à mon cou, en me suppliant de rester chez moi. « Mon devoir, me disait-il, m'appelle à la Convention ; veux-tu que j'aille me battre contre toi ? » Je l'embrassai en pleurant, mais je tins bon, tant j'avais la tête montée. « Eh bien, me dit-il, je cours risque de perdre ma place, je te la dois, et t'en fais le sacrifice ! » Je me rendis donc à la section des Tuileries, qui siégeait rue Saint-Nicaise, rue détruite maintenant, qui débouchait au midi, sur la place du Carouzel, et au nord, dans la rue Saint-Honoré.

On était déjà en délibération dans une salle du premier étage au-dessus du corps de garde de la section. Il y avait un maître bottier, dont le nom me fuit, qui pérorait avec chaleur. Ses phrases courtes, énergiques, avaient de l'effet. Il raconta qu'il venait de la section Lepelletier, où on avait résolu d'arrêter les courriers ; on avait envoyé à Vincennes pour avoir des canons ; ils avaient été refusés ; mais au moins on avait arrêté ceux que la Convention avait voulu en tirer. Il était alors neuf à dix heures du matin. Les sentinelles étaient relevées tranquillement et les communications étaient libres partout, sauf sur la place du Carouzel, qui était garnie de troupes. La Convention avait fait mettre en liberté et appelé à son secours environ 1.200 terroristes. On a dit que Bonaparte était parmi eux ; je n'ai aucune certitude à ce sujet. Mais pendant que le temps s'écoulait, sans autre résultat que l'arrestation dans les rues ou aux barrières de quelques courriers, le général Bonaparte, mis à la tête des forces conventionnelles, faisait hérisser de canons le jardin de l'Infante au Louvre, l'ouverture du Pont-Neuf, celle du Pont-Royal et toutes les rues aboutissant aux Tuileries. Sur le Carouzel, à l'ouverture de la rue Saint-Nicaise et à moins de soixante mètres de notre corps de garde, deux pièces de canon chargées à mitraille avaient été placées dès le matin. Sur les quatre heures, nous n'étions pas plus d'une centaine à la section. Une compagnie nombreuse avait été envoyée dans la cour du manège, pour surveiller et retenir un grand nombre de représentants qui étaient à dîner chez le restaurateur Venua. Deux commissaires, qui avaient été envoyés à la section Lepelletier pour savoir enfin quelles mesures avaient été prises et quels succès on devait en espérer, rendaient compte de leur mission. Ils annonçaient de bonnes nouvelles, lorsqu'un coup de canon, tiré dans la rue de l'Échelle à laquelle l'hôtel de la section communiquait, vint mettre fin à la séance. Un cri : « Aux armes ! » fut unanimement poussé, et en un instant nous étions en bataille dans la cour. Ordre fut donné de marcher, mais les trois ou quatre premiers rangs de notre faible colonne avaient à peine débouché dans la rue Saint-Nicaise, qu'un coup de canon fut tiré du Carouzel. Trois hommes, grièvement blessés par la mitraille, furent rentrés et nous fermâmes le portail de l'hôtel. On sut que ce coup de canon et deux autres qui suivirent n'étaient pas précisément dirigés sur nous ; on avait tiré sur un bataillon qui passait dans la rue Saint-Honoré, pour commencer l'attaque de la Convention.

J'étais à peine à deux rangs de ceux des nôtres qui furent mitraillés. Le combat prit dès lors de graves proportions ; quatre sections du faubourg Saint-Germain furent écrasées sur le quai Malaquais par les canons du jardin de l'Infante au Louvre. Le canon grondait tout autour de nous. D'intrépides jeunes gens, retranchés dans l'église Saint-Roch, se succédaient sur les marches de l'édifice et répondaient par une fusillade soutenue aux meurtrières décharges de l'artillerie, qui de la rue de l'Échelle, les décimait. Le combat dura environ deux heures ; après quoi on n'entendait plus que quelques coups de canon dans le lointain et des coups de fusil sur ceux qui, n'ayant pas le mot de passe, avaient l'imprudence de se hasarder dans les rues. Au fort du combat, plusieurs négociants de la rue Saint-Denis étaient parvenus, je ne sais trop comment, à pénétrer dans notre section, par la porte de la rue de l'Échelle. Il parait que, dans une vigoureuse attaque ils avaient fait reculer une première batterie, mais une seconde ligne subitement découverte les avait écrasés. Le mot de passe adopté était : *Convention ;* tous ceux qui au cri de *Qui vive ?* ne répondaient pas ainsi étaient indignement fusillés.

Sur les onze heures du soir, notre corps de garde, devant lequel il n'y avait pas eu de sentinelle depuis le commencement du combat, fut pris par les grenadiers de la Convention.

J'étais alors dans la salle au-dessus, avec une trentaine de sectionnaires, et nous nous y tenions en grand silence ; mais, n'ayant pas mangé depuis neuf heures du matin, j'éprouvais un grand besoin. Je descendis chez le concierge de l'hôtel, et je lui demandai en grâce un petit morceau de pain : « Je vous le rendrai au double demain, soyez-en sûr, si je puis m'échapper d'ici, car j'ai chez moi un pain de six livres que m'a donné un boulanger, en échange d'un peu de farine, que mon père m'a envoyé en l'étiquetant : Caisse de livres (ce qui était vrai) ; il me doit encore quelques pains. » Ce pauvre brave homme eut pitié de moi et il me donna un morceau de gros pain que j'eus bientôt avalé. En causant, j'eus occasion de lui dire que j'étais du pays de M. Thabaud Bussière, député de

l'Indre, qu'il connaissait, parce qu'il habitait près de l'hôtel :
« Gardez-vous bien d'aller chez lui, me dit-il, c'est un des
plus furieux de la Convention. Où demeurez-vous ? — Dans la
rue du Doyenné. — Dame, mon neveu doit aller demain à l'hôtel d'Elbœuf panser des chevaux. Si vous voulez prendre une
blouse de toile et le suivre, vous trouverez une porte de derrière qui donne dans le cul-de-sac du Doyenné et vous serez
bientôt dans votre rue, qui y touche. » Je le remerciai avec
une grande effusion de reconnaissance. « Venez avec moi, »
dit-il. Je le suivis et, en ouvrant une des voitures qui étaient
dans la cour, il m'y fit monter en ajoutant : « Je viendrai vous
chercher quand il sera temps. » Ces voitures étaient au service des comités de gouvernement. Une fois dans cette voiture, je m'endormis. A cinq heures du matin, le brave concierge vint me prendre ; il m'affubla d'une grande redingote
de toile grise, me fit prendre sous les bras une botte de paille
et une botte de foin. Son neveu, costumé et chargé de même,
sortit et je le suivis. La place du Carouzel, que nous dûmes
traverser, était couverte de troupes au bivouac ; des feux
étaient allumés partout. Nous passâmes tranquillement au
milieu de ces troupes, arrivâmes à l'hôtel d'Elbœuf et à une
vaste écurie où plusieurs palefreniers étaient déjà. Tous
parurent étonnés, mais mon guide leur fit signe et, après
avoir laissé nos fourrages, nous sortîmes par la porte du cul-
de-sac du Doyenné. En arrivant chez moi, j'avais heureusement un passe-partout que le portier m'avait remis de confiance, et j'eus le temps d'entrer avec mon sauveur, sans
répondre au cri de : *Qui vive?* proféré par une sentinelle placée au bout de la rue du Doyenné, sous l'arcade Saint-Louis.
En arrivant je trouvai mon frère debout ; il ne s'était pas
couché ! Vous jugerez, mes chers enfants, quel fut son bonheur de me revoir sain et sauf. Après nos tendres embrasse-
ments, nous remîmes au jeune palefrenier tout le pain qui
était à notre disposition ; j'y joignis une autre petite récompense et il partit, emportant mon déguisement. Tout cela,
mes bons amis, a l'air d'un roman ; rien pourtant n'est plus
réel ; au reste, dans un voyage à La Châtre, en 1822, mon
frère a eu, je crois, occasion de raconter ces circonstances à
Jules et à sa sœur.

Mon frère, délivré du tourment que ma tête volcanisée avait
fait peser sur lui pendant vingt heures, se rendit aux Tuileries,

où personne ne soupçonna qu'il n'était pas présent la veille.
Il faut dire que sa légion n'était pas encore organisée, il se
trouvait provisoirement en subsistance. Il me revint sur les
cinq heures pour dîner, et, le soir venu, je le pris sous le
bras et nous allâmes nous promener en ville. Les environs
des Tuileries étaient horribles à voir. Le canon avait brisé les
devantures, les vitres, et la consternation était générale. Je
me hasardai le lendemain à aller au comité ; il était désert.
Je crus devoir ensuite, pendant quelques jours, rester en
repos.

De nombreuses arrestations eurent lieu ; mais je ne crois
pas que ces événements aient amené aucune condamnation à
mort. Il avait péri, pendant le combat, assez d'honnêtes gens !
Au premier moment on en portait le nombre à 10.000. C'était
une exagération énorme. On a dit depuis que les victimes
allaient à 1.200 ; je crois que c'est encore trop. Il paraît que
tous ceux que j'avais laissés à la section et qui avaient
tremblé de me voir partir sous mon déguisement, parvinrent,
pendant les premiers mouvements de la circulation, à
s'échapper sans péril. Aussi, le lendemain, nous eûmes l'humiliation de lire dans le *Moniteur :* « Les lâches de la section
des Tuileries ont pris la fuite, laissant leurs armes et leur
drapeau. »

Quelques jours plus tard, M. de Richebourg revint de sa
mission de Normandie. Son accueil ne fut pas aimable. On
lui avait mandé que j'avais paru à La Châtre, pendant mon
congé, avec une cravate verte et une redingote à dix-sept
boutons, ce qui était vrai : « Et, continua-t-il, vous m'avez
prouvé votre reconnaissance en vous armant contre moi ; car
en prenant les armes contre la Convention, c'était les prendre
contre moi ! » Je me défendis sur mes intentions, je protestai
du dévouement que je lui portais et j'éprouvai un grand chagrin de le voir ainsi indisposé. Il s'adoucit, mais je crois qu'il
ne m'a jamais complètement pardonné ma conduite. J'aurais
pu cependant obtenir une place au ministère de la justice, qui
s'organisait alors. M. Guyot-Desherbières, mon chef de
bureau, m'avait procuré un certificat constatant que je n'avais
pas quitté mon poste les 13, 14 et 15 vendémiaire, et que
j'étais l'un des six employés qui s'étaient alors présentés
au Comité. Voyez ce que sont les certificats en matière politique! ..

J'avais une répugnance invincible pour des fonctions qui, en m'assujétissant à un travail obligatoire de neuf à quatre heures de chaque jour, ne me fournissaient qu'un traitement sans avenir. Je priai M. de Richebourg de vouloir bien me recommander à M. Deschapelles, administrateur des fourrages, bois et lumières. Ce M. Deschapelles était de Châteauroux, ami de M. de Richebourg et connu de mon père. Sur la lettre de mon protecteur, il me dit : « Vous avez commis une étourderie ! — C'est vrai, lui dis-je ; mais si j'ai péché par erreur, j'ai bien des imitateurs. — A qui le dites-vous ! n'ai-je pas un de mes étourdis dans votre cas ? Silence là-dessus. Que voulez-vous ? — Un emploi actif, à l'armée, aux avant-postes s'il est possible. — Ta, ta, ta, vous ne savez pas l'allemand, la guerre d'Italie est désastreuse, je vais vous envoyer à l'armée des côtes de l'Ouest. Vous resterez d'abord à Saumur, près de M. Sirey, agent en chef de mon administration, à qui je vous recommanderai ; quand vous serez au fait du service, il vous enverra à l'armée, si vous le voulez. » Le lendemain, il envoya à M. de Richebourg, qui me la remit, une commission d'aide garde-magasin des fourrages à l'armée de l'Ouest. Peu de jours après je partis, pour ma nouvelle destination. Je laissai mon frère bien contrarié de me voir abandonner la capitale ; il pensait, avec raison, que j'y aurais conquis une heureuse et honorable position. M. de Richebourg était du même avis ; car, dans un de ses bons moments pour moi, qu'il aimait réellement, il avait dit à Louis, son domestique, qui était aussi de La Châtre : « Vois-tu, Louis, ce jeune homme fera son chemin. Si tu as à vivre, tu lui verras un jour 15.000 livres de rente. » Louis ne manqua pas de me rapporter cette prédiction, dont je me suis constamment rappelé, et, au moment où j'ai eu le malheur, mes chers enfants, de perdre votre mère la prédiction était accomplie depuis plusieurs années. Je voyageai jusqu'à Orléans, peut-être jusqu'à Tours, dans des voitures publiques ; mais à Tours, pour le sûr, je m'embarquai sur la Loire. Il y avait dans le bateau deux jeunes hommes d'environ vingt-cinq ans, qui, comme moi, avaient été acteurs dans les événements du 13 vendémiaire. Tous deux étaient remplis de moyens et d'un excellent ton. Le premier, qui se nommait Bâtard, semblait exercer une affectueuse autorité sur l'autre, qu'il désignait toujours par le prénom de Gustave. Il fallut coucher, à Langeais, et conséquemment mettre deux jours pour aller de Tours à Saumur. La traversée fut assez gaie ; sauf les réflexions que nous inspiraient les conséquences redoutables que devait nécessairement, à nos yeux, amener le triomphe des Conventionnels. J'ai toujours pensé que le principal compagnon de mon voyage nautique était M. de Bâtard, qui a été, dans la suite, pair de France et premier président de la Cour de Lyon. Chose sûre, c'est qu'il avait joué un grand rôle dans les mouvements des sections, et qu'il avait intérêt à se cacher. A Saumur, je le perdis de vue, et après une bonne nuit passée à l'auberge, j'allai, soigneusement vêtu, trouver M. Sirey.

Il avait été avisé de mon arrivée et m'accueillit fort bien.

Quel était ce M. Sirey ? Je ne puis le dire au juste ; il m'est souvent venu à la pensée que c'était le personnage qui, plus tard, avocat à la Cour de cassation, a fondé ce recueil de jurisprudence si utile à la magistrature et au barreau. Du reste, c'était un homme de trente-quatre à trente-cinq ans, de bonne mine et fort poli. Il m'installa sur-le-champ dans ses bureaux, et me remit les instructions propres à m'initier et à me guider dans l'exercice du service actif auquel je me destinais.

Au bout d'un mois, je me crus assez savant et je demandai à partir. M. Sirey m'envoya à Niort, près de M. Georges, inspecteur, qui m'attacha au magasin tenu à Sainte-Hermine par M. Mouton. Ce garde-magasin, excellent homme, m'admit à sa table et bientôt dans son intimité. Sa femme, encore ieune et bien élevée, s'était tellement habituée à mes causeries et à de petites parties qui égayaient nos soirées, qu'elle fut contrariée de l'ordre que me donna son mari d'aller à Chantonnay, prendre le service de ce cantonnement, d'où dépendait celui de Saint-Vincent, régi par un préposé.

J'arrivai à Chantonnay dans les derniers jours de décembre 1795, et allai prendre mon logement chez Madame Houillon, maison située en face de celle où vous avez vu, mes enfants, votre tante Deshayes. C'est dans cette petite maison que demeuraient alors Mademoiselle Constance Marchegay de Ludernière, l'aînée de la famille, Mademoiselle Eléonore, sa cadette, devenue plus tard ma femme, Sophie, Emilie et Betzy, leurs jeunes sœurs. La grande maison de M. de Ludernière (1) où les Vendéens avaient, dès l'origine, établi leur quartier général, avait été livrée aux flammes. Plus tard, le bourg de Chantonnay et tout le pays avaient eu le même sort.

La guerre avait pris des proportions atroces. Mon respectable [futur] beau-père, chargé de huit enfants, obligé de fuir pour éviter un massacre qui ne respectait rien, traînait avec lui deux métayers avec charrettes chargées de meubles, et deux servantes. Les domestiques mâles étaient sous les drapeaux vendéens. Le pays était couvert de troupes qui portaient partout l'incendie et la mort... M. de Ludernière et sa suite avaient successivement gagné, nuitamment, en couchant dans les bois ou dans les genets et ajoncs, sous les charrettes, les environs des Landes Genusson et de La Buffière.

L'armée vendéenne, poursuivie à outrance, finit par passer la Loire, où elle éprouva les plus affreux désastres.

Il y avait alors un peu plus de repos, dans le Bocage de la Vendée. Les pauvres petites, portant chacune dans un petit sac sur le dos quelques lambeaux à leur usage, passaient encore les journées dans les bois ; mais elles pouvaient, le soir, gagner quelque coin de maison ou de grange échappées à l'incendie, et la famille y passait la nuit en sécurité. A tant de désastres succéda un peu de commisération. M. Desgrois (2), qui avait pris parti contre les Vendéens, avait près des chefs républicains une influence qu'il crut assez puissante pour pouvoir être utile à M. de Ludernière. Il représenta ce digne homme, que toute la contrée vénérait, comme ayant subi l'empire de la nécessité. Jamais il n'avait pris les armes ; c'était le chef d'une nombreuse famille, à la subsistance, aux soins de laquelle il n'avait aucun moyen de subvenir, loin du pays où se concentraient toutes ses ressources. Il obtint donc

(1) François-Constant Marchegay, sieur de Ludernière, était veuf de Marie-Marguerite Majou des Grois. Il était fils de Jacques-Daniel Marchegay, sieur de la Marchegaisière, d'Essiré, La Maisonneuve, La Rogerie, avocat et de Anne-Charlotte Clémenceau, laquelle, petite-fille de René Clémenceau, condamné aux galères comme protestant en 1699, avait pour trisaïeul Jean-Baptiste Clémenceau, sieur de La Morinière et de La Fontaine, époux de Marguerite Payraud, lequel par son second mariage avec Judith Simonnet est le septième aïeul de Georges-Benjamin Clémenceau, président du Conseil des ministres en 1909. Voir BEAUCHET FILLEAU, *Dictionnaire.*

(2) Juge de paix, beau-frère de Constant Marchegay.

pour lui l'autorisation de rentrer à Chantonnay, alors occupé par les républicains. Mais à peine rendu là, il y fut arrêté ; événement épouvantable pour cette jeune famille ! plus affreux encore pour M. Desgrois, à qui on eut l'indignité d'imputer une trahison dont il était certainement bien incapable !

Le prisonnier, entraîné à La Rochelle, pour être jugé par une commission militaire, eut le bonheur d'y mourir la veille du jour où on l'aurait inévitablement envoyé à l'échafaud.

Le préjugé odieux soulevé contre M. Desgrois, avait pris tant de consistance, que Mademoiselle de Ludernière était bien près de le partager. J'ai vu M. Desgrois en pleurer, et je dois consigner ici, qu'ayant été créé tuteur des enfants, qui étaient tous mineurs, il s'est noblement vengé de l'atroce calomnie dont il avait eu à gémir. Cette tutelle exigeait des soins infinis, des voyages, des dépenses, une comptabilité avec sept mineurs, des domaines à rebâtir, des partages avec les colons, la division des biens, etc. Tout cela s'est fait avec l'intelligence et le dévouement qu'on aurait pu attendre du père le plus tendre, sans avoir causé un centime de dépense en faveur du digne tuteur.

Après la terrible catastrophe qui venait de rendre huit enfants orphelins, les chefs républicains envoyèrent, comme tambours, à l'armée d'Espagne, Aimé et Gaspard de Ludernière, âgés de treize ou quatorze ans, et les six demoiselles, avec deux servantes, eurent ordre de se rendre à Angoulême, où elles passèrent environ une année. Elles avaient en or 5 à 6.000 francs, du linge, et purent ainsi, sous la protection de M. Sicard, maire d'Angoulême, vivre avec une modeste aisance. On leur donnait d'ailleurs à faire des chemises de militaires, qui leur procuraient quelques secours. Mademoiselle Eléonore, votre mère, ne sachant quand et comment cet état de choses finirait, s'était mise en apprentissage chez une couturière, et elle y avait des succès. Mais la chute de Robespierre vint inopinément adoucir leur position ; on leur permit de revenir à Fontenay où elles s'établirent, maison Lavoûte. Elles obtenaient quelques légères ressources de leur fortune et trouvaient leur oncle et d'autres parents qui les aidaient. C'est pendant ce séjour que Lise de Ludernière, troisième fille de la maison, n'ayant pas encore seize ans, connut Deshayes, beau garçon, employé des transports militaires, qu'elle épousa plus tard.

C'est après tous ces événements que les jeunes demoiselles, au nombre de cinq, avaient pris le parti de revenir à Chantonnay, où je les trouvai en décembre 1795. La guerre de la Vendée avait recommencé ; après les désastres du passage de la Loire, Charette avait ressuscité des légions que l'on croyait avoir foudroyées ; il avait battu les républicains à Mortagne, à Chollet, écrasé les troupes venues de Mayence, de l'Espagne, tué à Venansault leur général en chef et amené cette farouche Convention à traiter d'égale à égal avec lui ; il en était arrivé à ce point d'avoir pu entrer à Nantes, lui vingt-cinquième, cocardes et panaches blancs en tête, et à assister ainsi au spectacle. Mais, après un séjour paisible à Belleville, où il tenait une espèce de cour, et recevait les envoyés de la Convention, les cartes se brouillèrent et la guerre avait recommencé. Il y avait alors lassitude ; les cultivateurs, revenus à leurs travaux, n'étaient plus inquiétés. Le général Travot, adjudant-général, se mit aux trousses du général Charette et le suivait par étapes. Ce dernier devint soupçonneux et fit fusiller un ecclésiastique qu'il accusait de trahison. Il se trouva dès lors réduit à un petit nombre d'intrépides compagnons et avec ce noyau, il se portait sur les cantonnements isolés avec une rapidité qui déjouait toutes les combinaisons et tenait en éveil, presque en échec, une armée nombreuse.

C'est sur ces entrefaites que j'allai m'installer à Chantonnay. J'eus promptement l'occasion d'y voir Mesdemoiselles de Ludernière et de remarquer Mademoiselle Eléonore, fraîche jeune personne qui avait des cheveux, des dents superbes, de la gaieté. J'en devins amoureux et j'eus le bonheur de lui faire agréer mes hommages.

Un peu avant l'occupation de Chantonnay par les républicains, elle avait failli être victime de la brutalité d'un chasseur qui, l'ayant aperçue, la poursuivit dans la charmille et lui enleva son mouchoir de cou. Elle avait pris le parti d'aller chez sa cousine, Madame de La Pouzaire, qui demeurait alors à la maison de La Pouzaire, à une lieue de Chantonnay. Le général Villot, qui commandait dans cette contrée sous les ordres de Hoche, vit à La Pouzaire cette jeune personne ; il sut l'événement qui l'avait si légitimement effrayée. Il l'engagea à rentrer chez elle, et plaça une garnison assez nombreuse avec ordre de protéger sa retraite.

Le général de brigade Digonnet, long individu prétentieux, mais de peu de portée, vint établir son quartier général à Chantonnay, et précisément dans la maison de ces dames. C'était à peu près la seule qu'on pût habiter. Il faisait sa cour à Mademoiselle de Ludernière aînée, qui l'écoutait assez quoiqu'elle fut royaliste très exaltée. Madame Deshayes était à Niort, Sophie, devenue Madame Brethé, Emilie devenue Madame Lacombe, et Betzy morte femme de M. Majou, étaient sous la direction d'une bavarde nommée Mademoiselle Desplobins ; elle apprenait à ces pauvres petites à lire et à prier Dieu ; c'est tout ce qu'elle savait, si ce n'est l'art de provoquer par ses cancans des scènes souvent fâcheuses.

J'administrais mon magasin et mon cantonnement de Saint-Vincent d'une manière très fructueuse pour mon chef. Chaque mois, il y avait en bois, lumières et fourrages, des bonis, reportés à son profit en approvisionnements. Nous ne touchions, comme tous les fonctionnaires civils ou militaires, que des assignats presque sans valeur ; mais les préposés des vivres échangeaient des fournitures en nature et n'étaient pas les plus à plaindre. J'avais pour secrétaire Gaillard le Boiteux, mort avocat à Niort. C'était un garçon d'esprit, fils d'un ancien notaire de Chantonnay ; il avait été pris pendant la guerre de la Vendée et envoyé au bagne. Il avait su là intéresser à son sort, et, sans y avoir trop souffert, il avait été rendu à la liberté, lorsque le système de la terreur, de l'extermination avait été abandonné. Il avait deux sœurs assez bien. Je reçus à peu près dans le même temps l'ordre d'aller prendre le service de La Roche-sur-Yon, cantonnement dépendant aussi du magasin de Sainte-Hermine, mais ayant pour succursales Aizenay, Palluau, Beaulieu, etc. Gaillard m'y suivit.

Pendant mon séjour à Chantonnay, il y eut une seule affaire avec les Vendéens. MM. Amédée de Béjarry, Chantreau et Prangé avaient attaqué le cantonnement de Saint-Vincent, qui s'était replié sur Chantonnay. Pendant ce temps, des cavaliers vendéens, voulant amener une diversion, se montrèrent dans la plaine vers Ponsay. Les troupes prirent les armes. Je fis seller un de mes chevaux et je le tins dans la charmille de Mesdemoiselles de Ludernière, qui avaient été averties de cette petite échauffourée et m'assuraient que je n'avais rien à en redouter. Les Vendéens s'étaient portés au château des Roches, d'où la garnison de Chantonnay, sous les ordres d'un chef de demi-brigade dont je n'ai pas retenu le nom, les avait promptement débusqués. Ils se dirigèrent sur Rochetrejou, emmenant quelques soldats républicains, qu'ils renvoyèrent le lendemain avec une lettre polie. Le chef de brigade, arrivant de la sortie qu'il venait de faire, était mouillé, crotté. Mademoiselle de Ludernière, à qui il demandait du feu, lui dit : « Monsieur, vous allez en avoir, car vous en avez besoin ; si vous n'êtes pas couvert de gloire, par cette expédition, vous êtes assurément couvert de boue ! » Le pauvre homme n'était pas fort et il se tut.

Deux ou trois jours après cette affaire, M. Pranger, beau-frère de M. Pervinquière mort président de Chambre à Poitiers, fut pris par les républicains et amené à Chantonnay, d'où on le dirigea sur Fontenay ; il y fut condamné et fusillé ! On trouva, sur le mur de son cachot, ces vers de la tragédie de Sertorius :

> *Lorsque deux factions divisent un empire,*
> *Chacun suit au hasard la meilleure ou la pire,*
> *Suivant l'occasion ou la nécessité*
> *Qui l'entraîne vers l'un ou vers l'autre côté.*

A son passage à Chantonnay, le pauvre malheureux prévoyait son sort. Il demanda du poison à Deshayes, qui était dans le moment à Chantonnay. Celui-ci lui donna quelques sous et du vinaigre ; mais cette obligeance n'eut aucune suite.

J'étais depuis quelque temps à La Roche-sur-Yon (Napoléon), lorsque Charette fut pris entre Belleville et L'Herbergement. Il était avec quelques cavaliers à manger un peu de soupe, au village de La Chevasse, lorsqu'une femme, mise en sentinelle, vint avertir que les bleus arrivaient. La petite troupe vendéenne se sauva immédiatement, mais le général, cerné de toutes parts, renversé, blessé, dut rendre son épée. Travot termina par cette capture cette première phase de la guerre de la Vendée. Charette, conduit à Nantes, n'y entrait plus comme l'année précédente en triomphateur. Il fut condamné, promené dans la ville et conduit à la place de Viarme, où il mourut avec un inébranlable courage.

Pendant longtemps, un buste de plâtre et cire couvert des vêtements du général et représentant fidèlement ses traits était montré aux curieux, moyennant rétribution. Je l'ai vu et Mesdemoiselles de Ludernière, qui avaient eu l'occasion de danser avec lui au mariage d'un M. de Lisle avec Mademoiselle de La Guignardière, me dirent, sur mon rapport, que c'était bien réellement sa ressemblance. Au reste, c'était l'opinion de tous ceux qui l'avaient connu.

Je veux encore, mes chers enfants, vous ramener à Chantonnay, pour vous raconter un acte de haute imprudence. J'adoucis le mot : c'était un faux !... Mademoiselle de Ludernière me dit un jour : « Un de nos meilleurs amis, M. A. de B. est dans d'incessantes appréhensions. Le supplice subi par M. Pranger est suspendu sur sa tête. Ne pourriez-vous pas lui procurer quelque moyen d'échapper à cette terrible position ? » Je ne pouvais alors rien pour aider aux bonnes intentions de Mademoiselle de Ludernière ; mais il m'arriva, avec une lettre de recommandation de M. Mouton, un adjudant-général nommé Hector. Cet officier général se trouvait dans mes opinions et pendant trois jours qu'il passa avec moi, nous étions devenus intimes. Dans l'une de nos promenades, je lui confiai que quelqu'un que je souhaitais fort d'obliger, m'avait demandé les moyens de sauver un chef vendéen, mais que je n'avais nul moyen de m'y prêter. Il me confia qu'à l'armée d'Espagne, d'où il venait, pour aller à Nantes, il avait sauvé la vie à deux émigrés. Nous convînmes alors qu'il me donnerait un certificat revêtu de son cachet, attestant qu'un nommé... (impossible de me rappeler le nom), avait servi sous ses ordres à Saint-Jean-Pied-de-Port. Je rédigeai un certificat, sous le nom du même individu, attestant qu'il avait été employé sous mes ordres, comme préposé des fourrages, au cantonnement de Saint-Vincent. Mademoiselle de Ludernière y écrivit une légalisation, au nom du général Digonnet, dont j'imitai la signature, et le cachet du général, facilement dérobé pour un instant, fut apposé sur la pièce.

Le lendemain, accompagné d'un domestique de confiance nommé Chauveau, j'allai avec Mademoiselle de Ludernière à une vieille gentilhommière, nommée La Grignonnière, commune de Saint-Prouant ou Rochetrejou, où nous trouvâmes M. A. de B. déguisé en paysan. Il avait d'abord pris la fuite ;

mais promptement rassuré, il reçut avec les plus vifs témoignages de reconnaissance la planche de salut que je lui apportais.

Plus tard ces papiers ont servi à l'un de ses frères qui était revenu de l'émigration... Vous aurez peine à croire, mes bons et chers enfants, que M. A. de B., que j'ai eu l'occasion de rencontrer souvent, ne m'a jamais adressé un mot de remerciement.

En 1815, époque à laquelle je demandais la place de substitut du procureur général près la Cour d'assises de la Vendée, M. de Barante, M. du Fougerais, M. de Lézardière même m'appuyaient. M. de B., auquel je ne voulus rien demander, se crut dispensé de toute intervention et même de toute visite... Grande leçon, mes enfants, qui m'a au moins appris à connaître ce que l'on peut attendre d'une certaine classe... Songez à quels périls pouvait m'exposer cet acte de pur dévouement !... Je l'avais accompli sans en méconnaître le danger, mais avec un sentiment de bonheur. Cet homme n'avait pas de cœur !

Il y avait à La Roche-sur-Yon un hôpital ou plutôt une ambulance militaire, dont M. Pérotteau, des Lucs, était le chirurgien-major. Plusieurs jeunes aides, de bonnes manières, étaient là pour échapper, je pense, aux fatigues et aux dangers de l'armée active. Ils m'accueillirent avec grand plaisir et je partageai leur table. L'un d'eux, nommé Billet, avait de la fortune, un cheval à son service et nous devînmes très bons amis. Il a été depuis directeur de l'Ecole des Arts et Métiers à Angers. J'ai eu occasion de lui écrire en faveur du jeune Maindron, fils de la portière du collège de Bourbon-Vendée, que j'avais fait admettre comme boursier, et qui en est sorti habile statuaire. J'ai reçu de lui une réponse des plus gracieuses et sa bienveillance, j'en suis convaincu, a été très utile à mon protégé.

Billet et moi nous allâmes à Fougeré, près Bournezeau ; au bout de deux jours passés là fort agréablement, je fus saisi d'une fièvre ardente. Billet voulait me ramener à son hôpital ; mais j'avais, en partant de La Roche-sur-Yon, l'intention de porter des pièces comptables à mon chef à Sainte-Hermine ; je les avais avec moi et je me décidai à ce voyage d'environ trois lieues. En arrivant, je fus obligé de me mettre au lit ; j'avais le corps en feu, couvert de bouffies rouges. Un hâtemort fut appelé et me saigna ; une maladie des plus graves s'était déclarée. L'âne qui me soignait me mit aux cuisses deux larges vésicatoires, mais il tarda à les lever et quand on y procéda, on reconnut des traces de gangrène. M. et Madame Mouton, qui n'avaient pas d'enfant, m'avaient pris en amitié et je ne puis jamais oublier combien ils ont été bons pour moi. On se hâta de mander un autre médecin, M. Vidal, qui me trouva en grand danger. J'étais sans argent, on vendit ma montre en or, pour avoir du quinquina en poudre et d'autres remèdes qu'il fallait envoyer chercher à Luçon. Un délire affreux et une fièvre maligne ataxique me saisirent : pendant trente-trois jours le délire et la fièvre continuèrent. On me regardait tellement comme perdu qu'on s'occupait de mon inhumation. Ce brave M. Vidal venait panser exactement les plaies de mes cuisses. Un soir que deux jeunes gens du bureau me veillaient, on devait m'administrer d'heure en heure une potion dont je n'ai pas su la composition ; on me la fit avaler tout d'un coup. Le sommeil survint, je me réveillai assez tard, sans délire, j'étais sauvé. Ce fut l'opinion de mon pauvre médecin qui était bien content. L'excellente Madame Mouton était à mon chevet, heureuse comme une mère d'avoir pu m'arracher à la mort qui m'avait si longtemps menacé. Nous étions alors aux premiers jours de septembre ; je ne saurais jamais vous peindre, mes enfants, les tendres soins que ma bienfaitrice prit de ma convalescence ; elle fut terriblement longue. Il me fallut près de deux mois pour pouvoir marcher et monter à cheval. Dès qu'il m'avait été possible d'écrire, j'avais informé ma mère, récemment devenue veuve, de ma triste position. Il ne me restait qu'un cheval indispensable pour me rendre à La Châtre. L'armée de l'Ouest venait d'être licenciée et je n'avais plus rien à faire en Vendée. Ma pauvre mère, quoique bien gênée, m'envoya cent vingt francs. Mes hôtes ne me demandaient rien pour les dépenses et les peines inouïes que je leur avais occasionnées ; ils m'acablaient au contraire de soins et de consolations.

Je ne pus, ce jour-là, que me rendre à Pouillé, à deux lieues de Sainte-Hermine. La fièvre m'avait pris en route. C'était probablement la suite d'un déjeuner trop succulent et des émotions qui l'avaient accompagné. La petite auberge où je logeai était tenue par d'honnêtes paysans. La femme fut très

attentive pour moi ; elle me fit coucher dans un bon lit, auprès
de son feu, et le lendemain, après avoir assez bien passé la
nuit, je pus me mettre en route.

Comme j'écris de mémoire, il me revient souvent des souvenirs bons à consigner dans cet écrit. Je vais donc, ce matin,
mes chers enfants, rappeler une circonstance qui, sans dimi-
nuer le mérite du désinteressement de M. Mouton et du
dévouement sublime de sa femme, expliquera jusqu'à un
certain point leur conduite. Pendant que j'étais à Chantonnay,
M. Marchegay du Portail, l'oncle de M. Marchegay des
Granges, avait dénoncé M. Mouton, pour avoir vendu à son
profit des arbres futaies dans les bois de La Jousselinière, où
il ne devait en prendre que pour les troupes. Le fait était
vrai. M. Mouton, après une comparution devant la juridiction civile à Fontenay, qui se déclara incompétente, fut traduit devant un conseil de guerre à Sainte-Hermine. Je fus
appelé pour le défendre, parce qu'on prétendit, je ne sais en
vertu de quelle loi, qu'il ne pouvait être défendu que par un
employé de l'administration des vivres. J'avais assisté aux
débats de cette affaire à Fontenay. Un sieur Gérard, prêtre
marié, défenseur officieux ou homme de loi, comme on appelait alors ceux qui plaidaient devant les tribunaux de département, avait abordé le fond, tout en plaidant l'incompétence.
Cela me fut d'un grand secours pour préparer la défense
écrite de mon chef. Un M. Segot, de Bordeaux, chef de bataillon, avait été avocat et voulut bien m'aider dans l'accom-
plissement de la tâche délicate qui m'était imposée. Je plaidai
donc, pour la première fois de ma vie, devant le conseil de
guerre. Sans contester le fait, je prouvai que les besoins
impérieux d'un service laissé sans secours avaient obligé
M. Mouton à une irrégularité sans laquelle les troupes
auraient été privées de combustibles ; car il avait employé le
prix des arbres vendus, pour une somme modique, à payer
des ouvriers, des voituriers, etc. Ma plaidoirie était chaleureuse, assez adroite. Je parlais de nos braves avec les éloges
qu'ils méritaient, de leurs privations de tout genre ; et quand
un chef de service n'avait pas craint, dans un hyver des
plus rigoureux, de prendre sur lui, pour les soulager, une
mesure irrégulière, il est vrai, mais indispensable et forcée,
des gens oisifs, opulents, voudraient que cet acte d'un dévouement véritable fut payé par une infâme condamnation ?...

M. Mouton fut acquitté aux acclamations de la foule. Il m'embrassa avec effusion et j'éprouvai là maintes félicitations et l'un des plus doux moments de ma vie. M. le commandant Segot avait droit à la plus grande part de ces éloges ; mais, quoique je ne fusse âgé que de vingt ans, j'étais familiarisé aux discussions. Celles dont j'avais été témoin si souvent à la Convention, quelques bavardages auxquels je m'étais mêlé à la section des Tuileries et mes travaux chez mon père et au Comité de Législation m'avaient donné une assez remarquable facilité de langage.

Je reviens à mon voyage. Il fut long, pénible. Heureusement le mois de novembre, au milieu duquel je m'acheminais, fut beau. J'étais encore tellement faible, qu'un jour, sur le chemin qui longe la Creuse, un peu avant Saint-Gaultier, forcé de descendre de cheval, je ne pus remonter sur ma bête. J'attendis tristement que quelqu'un vint pour m'aider à me remettre en selle. Enfin j'eus le bonheur de revoir, d'embrasser ma bonne mère. Elle fut effrayée de mon état et se mit à me prodiguer les soins, les ménagements dont j'avais grand besoin. Elle avait quitté la maison paternelle pour un logement moins dispendieux. Elle me fit coucher dans sa chambre et m'eut bientôt ramené à un bon état de santé. Je vendis mon cheval à un gendarme et le prix, soigneusement économisé, m'aida à passer mon hyver, sans être trop à charge à ma mère.

J'avais mis au roulage, en passant à Niort, une malle assez bien garnie que j'y avais laissée, en partant pour Sainte-Hermine. Je me trouvais un des mieux mis des jeunes gens de la ville. J'étais invité aux bals de la première société et de plus, le principal directeur d'une réunion de la seconde société, dont les bals se tenaient au ci-devant couvent des religieuses. C'est moi qui en avais fait le règlement. Une copie en fut trouvée et prêta un peu à rire, parce que j'avais rédigé ce factum dans les termes ambitieux d'un législateur ; on m'en plaisantait de façon à ne pas m'offenser, je n'étais pas d'humeur à le supporter d'une autre manière.

Dans ce bal de la seconde société, il y avait une foule de jeunes et jolies personnes. C'étaient des filles de marchands, d'huissiers, de chirurgiens. Les ouvrières à la journée, les grisettes enfin, formaient une autre réunion. Parmi nos beautés figurait mademoiselle R..., fille d'un marchand de

mon ancien voisinage et mon ancienne maîtresse avant mon
départ pour Paris. Je l'avais aimée avec passion ; c'était mon
premier amour. Pendant mon séjour à Paris, nous nous
écrivions des lettres ébouriffantes. Je me rappelle avoir volé
à M. de Richebourg une citation de la *Nouvelle Héloïse*, je
crois, qu'il avait placée en tête d'une lettre charmante qu'il
écrivait à une comtesse, femme d'émigré, qu'il avait connue
à Pithiviers, lors de sa mission dans le Loiret :

> *« L'art d'écrire fut inventé*
> *Par l'amante captive et l'amant agité. »*

Ma belle n'était pas captive du tout et pour moi, je n'étais
guère agité. J'avais trouvé, dans la capitale, bien des sujets
de distraction. Mais nos relations, que mon séjour en Vendée
avait interrompues, reprirent. Madame R..., devenue veuve
et affligée de migraines qui la tenaient des trois jours dans
son lit, nous laissait une grande liberté. Je pouvais tout obtenir de cette charmante enfant, qui m'aimait bien sincèrement ;
je passais même pour son amant intime et favorisé. Il n'en
était rien cependant. Je ne pouvais songer à l'épouser ; sans
fortune et sans état, je n'aurais eu en perspective qu'une
existence des plus tristes. Mais, par un sentiment vrai, dont
je m'applaudis encore, je ne voulais pas la laisser flétrie et
déshonorée.

Je songeai alors à mademoiselle Eléonore de Ludernière,
et je lui fis écrire par ma mère, pour la demander en mariage.
Dès les premiers mois de mon séjour à Chantonnay, j'avais,
avec son agrément et celui de sa sœur, écrit à mon père, pour
lui demander son consentement à notre mariage. Mon père
m'avait répondu, en homme prudent, que j'étais bien jeune
pour songer à un établissement, qu'il ne pouvait autoriser
quant à présent celui que je voulais former, mais qu'aux
beaux jours il ferait, avec mon frère, le voyage de la Vendée
et qu'il verrait, à cette époque, ce que mon intérêt exigerait.
Cette lettre avait produit un bon effet ; on vit bien que j'appar-
tenais à une famille d'honnêtes gens, qui offraient d'honorables garanties.

Mademoiselle Eléonore de Ludernière, qui avait souvent
fait demander de mes nouvelles pendant ma cruelle maladie
à Sainte-Hermine, répondit à ma mère qu'elle avait commu-

niqué la demande à sa famille et qu'elle était disposée à l'alliance proposée. J'écrivis dès lors les lettres les plus pressantes, et dans les premiers jours d'août, j'obtins l'autorisation de me rendre à Chantonnay et l'invitation de descendre chez mademoiselle de Ludernière aînée, à qui appartenait, par un partage auquel M. Desgrois avait fait procéder, la maison où demeure en ce moment M. Majou. Je fis croire à mademoiselle R... que j'allais m'embarquer à Nantes, à bord d'un corsaire, pour tenter la fortune. Je rassemblai quelques ressources, je fis un emprunt garanti par mon frère aîné et je partis sur un petit cheval, que me donna mon beau-frère Jouerme, alors veuf, mais qui avait conservé pour moi, filleul de sa femme, une bienveillante amitié.

A mon arrivée à Chantonnay, mademoiselle de Ludernière me dit que sa sœur était au Pally, chez madame la marquise de Lespinay. Le lendemain de mon arrivée au Pally, j'avais obtenu la promesse d'un mariage prochain. La marquise qui m'avait connu, m'accueillit très bien et fut la première à servir mes amours. Je demandai alors les papiers qu'il me fallait; mon oncle à la mode de Bretagne, curé de La Châtre, avait été longtemps détenu à Châteauroux ; mais, revenu à La Châtre, il ne pouvait y exercer ses fonctions ; les églises étaient fermées ou employées à des usages profanes ; il m'accorda dispense de bans. Mon frère aîné vint à Chantonnay, porteur du consentement de ma mère, et le 28 août 1797, le mariage eut lieu. d'abord à la mairie de Chantonnay, puis devant un prêtre qui disait la messe à Sainte-Cécile. Ces dames avaient, dans cette paroisse-là, le domaine de Ludernière, plusieurs métairies et des fiefs à complant. Aussi fûmes-nous accueillis par une nombreuse assistance avec des bouquets, des décharges de pistolets et tous les témoignages de l'allégresse. La noce fut assez nombreuse. La marquise de Lépinay et sa fille, depuis comtesse de Curzay, en faisaient partie, toute la famille Desgrois, madame de La Serrie, son mari, M. Labarre, sa femme, M. de La Pouzaire, sa belle-sœur, etc. Les repas avaient lieu dans le corridor de la maison. La couverture n'était pas rétablie, mais le plafond en bousillage, un peu conservé et garni de chanlattes, mettait à l'abri des intempéries. On dansait au son d'un violon mandé de Fontenay ; tout se passa très gaiement.

Ma femme était allée, avec la marquise de Lespinay, faire

ses emplettes de noces à La Rochelle. Moi, j'étais allé à Nantes. J'y achetai peu de choses pour moi ; mais je fis des emplettes de bijoux pour ma future.

Ma femme, par le résultat du partage fait à l'amiable, avec l'autorisation du conseil de famille, ce qui était permis alors et plus sage qu'à présent, avait eu dans son lot la métairie du Temple affermée en grains, à cause du papier monnaie, mais d'un revenu en argent de mille à onze cents francs ; une maison incendiée où est maintenant la poste aux chevaux, une ouche près le bourg, la moitié d'un petit pré et un morceau de taillis de deux boisselées.

Nous restâmes chez mademoiselle de Ludernière, mais en prenant notre ménage.

Nous allâmes passer, avec mademoiselle de Ludernière, chez M. de La Pouzaire, à La Marchegaisière, près d'un mois. Il y avait là beaucoup d'enfants, des domaines à rebâtir, mais les ressources d'un bon jardin, de la basse-cour, d'un vivier fournissaient des ressources alimentaires que nous utilisions gaiement. Nous fîmes aussi de longues visites chez madame de La Serrie, qui demeurait aux Fournils, avec M. Girard de Villars, son père ; chez madame de Fay, depuis dame de Cuissard, qui demeurait à La Boutarlière, commune de Saint-André-Goule-d'Oie. J'allais avec Desgrois, père d'Emile, à des parties de chasse chez M. de Vaugiraud, M. le général vendéen de Sapinaud, etc. Cela ne pouvait toujours durer, je le sentais bien. Mais à peine âgé de vingt-deux ans, que faire?

Le père des Meunier, président du canton de Chantonnay et M. Boutolleau, père du juge de paix, m'employèrent à la confection du rôle de la commune et me firent allouer pour cela une petite indemnité. On mit ensuite en adjudication la perception des contributions des huit communes du canton pour les années cinq et six de la République. Je m'en rendis adjudicataire, sous le cautionnement de M. Desgrois, moyennant six deniers pour franc. Depuis 1793, aucun impôt n'avait été perçu dans le pays insurgé. On n'imagine pas les peines, les désagréments que j'ai eus à subir pour opérer le recouvrement dont je m'étais chargé. Je ne serais jamais parvenu à une liquidation finale, s'il ne fut survenu, à la chute du Directoire, un dégrèvement considérable. Il m'arrivait chaque mois un huissier de contrainte, avec ordre d'exécuter le percepteur. Cela n'avait pas lieu et n'eut conduit à rien, mais je me servais de cette menace pour expliquer la sévérité qu'il fallait mettre dans mes exigences. Assisté de cet huissier, nommé Ibri, ancien militaire plein d'énergie, j'allais, avec quatre dragons ou chasseurs, dans les communes. L'huissier faisait des commandements, plaçait des garnisaires et je percevais des sommes importantes. Une semaine, j'avais recueilli ainsi, dans les huit communes de ma perception, plus de dix mille francs, que je voulais porter dans deux ou trois jours à la recette générale à Fontenay. Un soir, ma femme qui nourrissait un charmant enfant que nous avons eu le malheur de perdre à deux ans, était déjà couchée ; l'Angevine, notre servante, venait de porter l'enfant à sa mère, lorsque quelqu'un leva le loquet de la porte de l'appartement où nous logions, qui communique au corridor de la maison Majou ; la porte était heureusement barrée. Après avoir demandé à plusieurs reprises « Qui est là ? » sans avoir obtenu aucune réponse, je pris une bonne carabine avec bayonnette, et je dis à l'Angevine : « Ouvrez la porte ! » C'était assurément une grande imprudence, car j'avais à craindre d'être saisi par les malfaiteurs que je supposais être dans ces corridors ouverts alors à tous venants. Je sortis vivement, en disant à l'Angevine de fermer sans retard sur moi, et je parcourus les corridors, en sortant par la porte du milieu du côté du jardin. Comme j'y arrivais, je vis un homme, ou peut-être un chien descendre le jardin de madame Deshayes auquel on pouvait communiquer par un escalier placé au bout de la grande allée, que l'on a muré depuis. Je lâchai un coup de ma carabine sans rien atteindre, mais cela avait donné l'éveil. Un maréchal des logis et quatre dragons survinrent et s'étonnèrent de mon imprudente et intrépide sortie ; j'en retins deux qui couchèrent sur un matelas, et dès le lendemain, sous bonne escorte, j'allai verser mes 10.000 francs à Fontenay.

Etait-ce un voleur qui croyait me surprendre ? était-ce un chien ? Je n'ai rien vu que quelque chose que je ne pus distinguer ; vous savez, mes enfants, que j'ai la vue courte. Mais nous nous disions : « C'est indubitablement un homme ; un chien n'eut pas soulevé le loquet de la porte », ce que ma femme, l'Angevine et moi avions parfaitement entendu. Au reste, un misérable, arrêté plus tard vers Saint-Fulgent, fut trouvé nanti, dans son portefeuille, d'une note qui indiquait avec précision ma demeure à l'entrée du bourg. Ma perception continua avec les mêmes difficultés, mais sans péril pour moi.

A Paris, il s'était passé des évènements graves. Une partie des membres du Directoire et nombre de députés, parmi lesquels figurait le général Villot, furent déportés. Le gouvernement était resté aux révolutionnaires, et des lois de proscription furent rendues. L'opinion publique ne soutenait plus cette faction et les Vendéens reprirent les armes. Un détachement était un jour à Chantonnay, lorsque le général Guillaume y arriva, avec une patrouille de cavalerie. Une rencontre eut lieu devant la maison de ma femme, dont j'avais fait couvrir et réparer une partie que nous habitions. Quelques coups de feu furent échangés ; les Vendéens, fuyant de toutes parts, furent poursuivis dans la plaine où se trouvent les fours à chaux. L'un d'eux fut tué à coups de sabre, et le général Guillaume suivit sa route pour Nantes.

Mademoiselle de Ludernière et ma femme, alors enceinte de ma chère fille, étaient allé passer une partie de l'hyver à Nantes, où elles ne voyaient que la noblesse vendéenne. J'étais resté à Chantonnay, d'où j'allais souvent les voir. Dans ces voyages, je rencontrais tantôt les républicains, tantôt les chouants ; c'est ainsi qu'on commençait à nommer les hommes armés contre le gouvernement, et, après explications, on me laissait toujours tranquillement passer. Fort de cette position, je me hasardai un jour d'aller à Mouchamps, réclamer trois chevaux que l'on avait volés, à la foire de l'Oie, à un M. Rouillon, brave homme qui tenait la poste et un relais de diligence. J'étais accompagné d'un nommé Bernier, ancien cavalier de la division de Sapinaud. Nous trouvâmes là M. de Verteuil, qui commandait un tas de chenapans ivres, qui cherchèrent à me maltraiter. M. de Verteuil voulait nous faire rendre les chevaux volés, mais on lui signifia que nous ne les aurions pas. Un des plus influents, parmi ces misérables, était un nommé Galapias, marchand de guenilles. Il avait à sa ceinture deux pistolets, que l'un des siens voulut toucher. Galapias, le repoussant d'un coup de coude, s'écria : « *Quitte là qu'au pichetoulet ; il appartint à un bougre qui le magnera mieux que ta...* » Et M. de Verteuil, étant pressé de faire relever une sentinelle, disait : « Où est donc Galapias ? Je ne puis pas tout faire ! » Impossible de voir un spectacle plus dégoûtant. J'en rabattis beaucoup de l'opinion que je

m'étais faite des Vendéens. Il faut bien dire que ce cantonnement de Mouchamps, composé d'un tas de coureurs, avait
la plus mauvaise réputation, et cela ne ressemblait en rien
aux braves cultivateurs de La Gaubretière, Mortagne, etc.
Bref, nous eûmes les chevaux ; mais M. de Verteuil, quoique
peu maître de sa bande, nous donna une escorte dont le
besoin se fit presque immédiatement sentir, car plusieurs
gens armés voulurent nous les enlever et n'y renoncèrent
qu'à la menace des coups de fusil que leur offrait notre
escorte.

Il y avait eu à Nantes un coup des plus audacieux. M. de
Châtillon était, une nuit, entré en ville avec cinq cents hommes,
et avait enlevé du Bouffay les prisonniers que les républicains lui avaient faits, notamment un chef redoutable que l'on
nommait Tête Carrée. Mais la troupe, les citoyens avaient
subitement pris les armes et un combat sérieux avait eu lieu,
au carrefour de la Casserie, précisément sous les fenêtres de
mes dames. J'allai les voir quelques jours après, et, j'eus
occasion, chez madame de La Roche Saint-André, de voir
une société très hostile au Directoire, qui avait des intelli-
gences habituelles avec les Vendéens armés. Un soir, on alla
pour arrêter cette dame. Avertie par un domestique, elle se
hâta d'aller au devant des gendarmes ; elle les invita avec une
politesse exquise à entrer, et quand le dernier fut passé, elle
sortit, ferma la porte à clé et s'esquiva. Cela fit beaucoup rire
à Nantes ; mais les gendarmes, irrités, arrêtèrent toutes les
personnes qui étaient dans le salon. Un M. Cadou, négociant
à Nantes, ne put éviter l'emprisonnement ; je le vis au Bouffay, avec plusieurs personnes de ma connaissance. Ils furent
relâchés au bout de quelques jours.

Bonaparte, revenu de l'Egypte, avait exécuté la journée du
18 brumaire. Il chercha immédiatement à pacifier la Vendée.
Des avances, des propositions furent faites aux chefs, et pour
les discuter, un congrès fut indiqué à Candé (Maine-et-Loire).
Le général vendéen de Suzannet, qui commandait l'ancienne
division de Charrette, était mandé à ce congrès. Pour s'y
rendre, il lui fallait une voiture, car il souffrait encore d'une
grave blessure dont il avait été attentivement soigné aux
Brouzils, chez mesdemoiselles Thiériot, tantes de M. Gour-
raud de La Proustière, et excellentes personnes qui n'avaient
pas quitté le pays, même pendant les plus dangereuses phases

de la guerre. Cette voiture, demandée à la comtesse de Mesnard, devait être amenée de Nantes à Saint-Hilaire, près de Montaigu, chez un fameux chouan nommé La Jeunesse. Mademoiselle de Mesnard, sœur de celui qui fut plus tard chevalier d'honneur de la duchesse de Berry, était aimable, mais cruellement contrefaite. Elle avait reçu chez elle, au château de Mesnard, entre Vendrennes et Beaurepaire, M. Deshayes. Nous étions tous à Nantes. Mademoiselle de Mesnard proposa d'emmener ma femme en voiture ; Deshayes et moi, qui avions nos chevaux, devions les accompagner jusqu'à Saint-Hilaire, d'où nous nous rendrions à Mesnard. Le voyage eut lieu ainsi. Arrivés le soir chez La Jeunesse, à Saint-Hilaire, nous y couchâmes. Le lendemain, vers le point du jour, survint M. Grelier du Fougeroux, mort juge de paix de Sainte-Hermine et père du député de ce nom aux assemblées qui ont suivi 48 ; il commandait, sous le pseudonyme de Beaulieu, dans les environs de Vieillevigne. N'ayant sous ses ordres que quelques cavaliers et un peu surpris de trouver mademoiselle de Mesnard en notre compagnie, il parut craindre une surprise. Mais promptement rassuré, il emmena la voiture à la cache où il avait laissé M. de Suzannet. Deshayes prit alors mademoiselle de Mesnard sur la croupe de son cheval, et ma femme. quoique fort avancée dans sa grossesse, monta derrière moi. Mademoiselle de Mesnard craignait d'être arrêtée à Montaigu et elle engagea Deshayes à tourner cette ville, je me dirigeai au contraire en droite ligne, et nous devions nous rejoindre à Saint-Georges, chez un vendéen, M. Guesdon Briautière. Mademoiselle de Mesnard, après une course très pénible et maintes mauvaises plaisanteries que lui prodiguaient les paysans, mêmes les bergères, arriva avant nous à Saint-Georges.

M. Morisson, juge à Fontenay, résidait à Montaigu comme directeur du jury, je le vis. M. Morisson me connaissait, il avait été conventionnel et seul il avait eu le courage de s'abstenir de voter dans le procès du roi, en soutenant que nul n'avait le droit d'attenter à sa personne et de le juger. Arrivés à Saint-Georges, mademoiselle de Mesnard nous égayait en rapportant qu'une bergère la voyant à pied pour traverser un mauvais pas l'avait apostrophée en lui disant : « Où allez-vous donc comme ça, la belle équipée ? »

Nous partîmes assez tard de saint Georges pour nous

rendre à Ménars ; mais la saison était avancée, et au milieu des plus mauvais chemins, nous fûmes réduits à nous arrêter au vieux château de Puigreffier. Bien des histoires se rattachent à cet antique manoir, où une foule de victimes auraient, d'après la tradition, passé par les oubliettes, espéce de trappes meurtrières.

On exploitait alors une des plus belles futaies du pays qu'avaient achetée MM. Bernard Chambinière et Mouchard. Le vieux château était en ruines ; mais pour l'exploitation du domaine, il y avait une vaste maison, dont la chambre principale était plus grande que le salon de Ransannes. Nous trouvâmes là les ouvriers de l'exploitation au nombre de plus de vingt. Les uns jouaient, d'autres buvaient et quelques-uns se tenaient à distance d'un feu ardent qui nous fit grand plaisir et que l'on alimentait sans cesse par des monceaux de copeaux. Mademoiselle de Mesnard, qui n'était qu'à une lieue de chez elle, était fort connue des fermiers. Elle leur demanda s'il leur serait possible de nous coucher. Ils répondirent qu'ils feraient de leur mieux pour cela et, après un assez bon souper, nous allâmes coucher dans le grenier au-dessus, parmi les ouvriers. Les draps des lits étaient fins et très blancs. Mademoiselle de Mesnard pensait qu'ils venaient du pillage exercé autrefois chez elle. Les ouvriers que nous trouvâmes là furent discrets et polis, mais un romancier aurait pu peindre la chambre où ils fourmillaient comme un antre de voleurs, tant ils avaient l'air sauvage et prêts à se saisir des hâches qu'on voyait suspendues aux murailles. Le lendemain nous arrivâmes enfin à Mesnard, d'où, après deux ou trois jours de repos, je conduisis ma femme à Chantonnay.

De mes deux jeunes beaux-frères, que les républicains avaient envoyés à l'armée d'Espagne comme tambours, l'aîné avait succombé : Gaspard était revenu et vint prendre sa pension chez moi avec sa sœur Sophie.

La perception dont j'avais été chargé m'avait procuré des ressources, hélas bien nécessaires ; mais la source en était tarie.

Ma femme mit au monde la première fille qu'elle ait eue, le 25 février 1800. C'est toi, bonne et chère Adèle, qui as si souvent partagé mes peines et mes travaux ! Ce jour-là arrivèrent 800 russes qui avaient été faits prisonniers en Italie.

Ils couchèrent dans l'église qui n'était pas encore rendue au culte.

Quelques mois plus tard, on afficha la mise en ferme des barrières où se percevait la taxe d'entretien des routes. Je me rendis à Fontenay, avec le boiteux Gaillard, mon ex-secrétaire, pour enchérir s'il y avait lieu. Nous devînmes adjudicataires des quatre barrières de Montaigu, Saint-Fulgent, Chantonnay et Sainte Hermine, moyennant 7.000 francs. Nous avions été en concurrence avec des personnes de Niort. Gaillard tremblait de s'être lancé dans cette entreprise, sur laquelle j'avais bien de la peine à le rassurer, mais ces messieurs, qui étaient adjudicataires des autres barrières du département, vinrent nous proposer de les substituer dans la ferme passée à notre profit. Je demandai une indemnité de 1.200 francs, elle ne fut que de six, grâce à la pusillanimité que laissa apercevoir Gaillard ; mais je fus commissionné inspecteur des quatre barrières cédées et de celle de Moreilles, aux appointements de 75 francs par mois ; Gaillard devint garde barrière à la Lune de Fontenay.

On mit bientôt en adjudication la fourniture des convois militaires dans le département. M. Constant de Niort et moi, nous prîmes cette entreprise. Le marché était excellent, si les fournitures avaient été exactement soldées, mais nous n'obtenions jamais que des mandats d'à compte. Plus d'une fois j'aurais cessé le service, sans M. Constant qui avançait des fonds et se refusait à voir les chances périlleuses qui nous menaçaient. Une fois cependant, après avoir remis les pièces comptables d'un mois récemment expiré, je déclarai que j'allais cesser tout service, si on ne me donnait un fort acompte. L'ordonnateur effrayé me fit compter 2.000 francs ; mais je lui écrivis dès le lendemain que ce secours ne m'ayant permis que de donner des àcomptes insuffisants à mes préposés, ceux-ci refusaient la continuation du service, auquel il aurait à pourvoir comme il l'entendrait. Il se fâcha, menaça, mais je tins bon et bien m'en prit, car cette affaire devenait ruineuse. Plus tard, cependant, il s'en vengea en réduisant à 9.000 francs les fournitures, montant à douze, qui nous étaient très légitimement dues, et pour les avoir, il fallut aller à Paris, où je passai plus de deux mois, au bout desquels on me donna un bon de neuf mille francs, admissible en paiement de rachat de rentes sur la Belgique. C'était une indignité, mais que faire ? Je vendis ces bons pour 3.000 francs et je m'en revins.

C'est pendant ce voyage de Paris qu'éclata la machine infernale qui, le 3 nivôse, pensa tuer le premier consul Bonaparte. J'étais, lors de l'explosion, à faire la poule au Palais-Royal. On parlait d'abord d'une explosion accidentelle chez un débitant de poudre ; mais bientôt on apporta au rez-de-chaussée du café, un marchand de tableaux horriblement blessé. On sut alors que le premier consul, se rendant à l'Opéra, avait couru les plus grands dangers, et que ses ennemis avaient tenté de l'assassiner ainsi. On attribua d'abord ce crime aux terroristes ; grand nombre d'entre eux furent arrêtés, condamnés par un sénatus consulte à la déportation ; mais on sut ensuite que le fait appartenait à des royalistes, qui payèrent ce forfait de leurs têtes.

J'avais enfin atteint mes vingt-cinq ans et je sentis la nécessité de me créer un état. J'allai en conséquence près de M. Auvynet, président du tribunal de Montaigu, et je lui demandai une place d'avoué. Il m'accueillit très bien et me dit que six avoués étaient assignés au tribunal, qu'il n'en existait encore que quatre parmi lesquels figurait son fils aîné, et il m'engagea à aller me faire inscrire au greffe. Le tribunal délibéra, m'admit et je fus nommé avoué le   1801.

Au moment de ma présentation par le tribunal de Montaigu, j'écrivis, à M. Loyau de Pulteau, assez proche parent de ma femme ; il siégeait au Corps Législatif avec M. Guyot des Herbières, mon ancien chef au Comité de Législation. Je le priai de s'intéresser à ma nomination et de vouloir bien m'acheter, de hasard s'il était possible, quelques livres, ceux que son collègue Guyot des Herbières au souvenir duquel je le priais de me rappeler, jugerait le plus utiles à l'exercice de ma profession. Ces messieurs se concertèrent et je reçus, avec la réponse la plus gracieuse, une caisse de livres qui me furent bien utiles : Denisart, Rousseau, de La Combe, Pothier, etc. En attendant ma nomination, j'étais allé à Nantes, où pendant environ trois semaines, je suivais assiduement les audiences, et les soirs, je travaillais chez un avoué qui m'avait ouvert son cabinet. Cela me remit un peu au courant des actes usuels dont je m'étais occupé dans l'étude de mon père, et je m'en trouvai bien quand je fus aux prises avec les réalités.

Nous logions tout près de M. Auvynet, dans une maison louée 200 francs.

4

Mes confrères étaient en possession des affaires. J'en avais apporté une seule, que m'avaient confiée les dames de Regnon, à qui on refusait le payement d'une rente que l'on disait prescrite. Elle leur fut ultérieurement conservée. Mais j'avais dû recourir, avant plaidoirie, à l'expérience d'un M. Brisson ex vice-président du tribunal de département et alors conseiller de préfecture. C'était un digne homme ; mais j'eus promptement l'occasion de reconnaître qu'il n'était pas fort, et je m'adressai dans la suite à Messieurs Guillemot et Genêt, à Poitiers, qui étaient, eux, de très habiles jurisconsultes.

Cependant quelques affaires m'arrivèrent ; messieurs Auvynet me voulaient du bien et plus d'une fois, des clients arrivés trop tard ou primés par des adversaires, me furent adressés. J'entendais assez bien la procédure ; le président m'en félicitait ; je traitais les affaires avec une grande exactitude ; j'avais souvent trouvé et saisi l'occasion d'écrire à des juges de paix, notaires et huissiers dans les cantons, et ils étaient satisfaits de mon concours. Lors d'une réunion des membres du conseil d'arrondissement, parmi lesquels j'avais déjà plusieurs correspondants, j'invitai ces messieurs à un bon déjeuner qui me valut de grandes protestations d'amitié. Ma clientèle s'accrut dès lors sensiblement ; l'aisance était revenue à la maison ; je travaillais avec un courage inimaginable.

Enfin je puis dire, sans trop de vanité, que je devins le second avoué du siège. M. Auvynet, fils du président, était un homme d'esprit qui écrivait parfaitement bien, mais il ne parlait pas avec une remarquable facilité.

Ses frères, à peu près de mon âge, Armand et Zacharie, étaient ses clercs et mes camarades ; ses sœurs étaient les amies de ma femme, et ces douces relations nous étaient agréables et utiles. M. Auvynet père avait été procureur à Nantes, sénéchal de M. de Juigné, seigneur de Montaigu et membre de l'Assemblée Constituante. L'avoué avait été secrétaire de Charette. Armand et Zacharie n'avaient pas pris les armes, mais toute cette famille était restée dans le pays insurgé, dans les environs de Légé. Dans mes moments de loisir, j'allais, avec les jeunes gens, à la chasse, à la pêche ; ils étaient fort habiles dans ces exercices, pour lesquels je n'avais pas une grande adresse.

J'eus pourtant celle, bien heureuse, un jour, de pouvoir

sauver la vie à Armand. Nous prenions un bain dans la rivière, dans un endroit où l'eau avait de la profondeur. Ces messieurs, à qui j'avais donné quelques leçons de natation, étaient lourds. Armand voulut pourtant tenter de traverser la rivière ; mais parvenu au milieu, il sombra. Je courus à lui en nageant, afin de le secourir. En revenant sur l'eau, il me saisit avec force, me sauta sur le dos, et malgré mes plus énergiques efforts, je ne pouvais avancer. Nous allions certainement périr tous les deux, lorsque sur ma demande pressante, il me serra moins fort et se prit à remuer un peu les jambes. Nous abordâmes enfin, mais il était temps. Zacharie, qui était hors de l'eau, avait été dans les plus cruelles transes, sans avoir pu nous secourir. J'étais exténué et d'une pâleur mortelle.

M. Auvynet avait pour collègues M. Sorin, ancien procureur à la sénéchaussée de Montaigu et M. Rodrigue, ancien évêque constitutionnel de Luçon. M. Sorin, riche en biens d'émigrés, demeurait à la campagne.

M. Rodrigue était un vieux cynique, qui avait pourtant l'amour de la justice. Il m'avait pris en amitié et m'aidait de sa nombreuse bibliothèque ; il parlait de ses collègues avec une sorte de mépris.

Au bout de trois ans d'exercice, je pouvais occuper deux clercs, et j'avais une clientèle bonne et fructueuse. Je quittai alors la maison assez triste que j'avais occupée en arrivant, et j'allai habiter, sur la route de Nantes, une maison récemment rétablie, où j'avais écurie, beau jardin et de vastes appartements, pour un loyer de 300 francs.

De notre mariage célébré le 28 août 1797, il nous était né un charmant enfant, le 27 juin 1798, que l'on nomma Antoine-Joseph-Constant. M. Desgrois père et mademoiselle de Ludernière l'avaient tenu aux fonds baptismaux. Ma femme entreprit de le nourrir. Elle en vint à bout, mais avec des souffrances inouies aux seins.

Cet enfant, que mademoiselle de Ludernière avait retenu chez elle, lorsque nous quittâmes sa maison pour aller habiter celle qui appartenait à ma femme et que j'avais fait réparer, était d'une intelligence admirable et du plus heureux physique. Nous avons eu la douleur de le perdre, le 26 février 1801. Mais tu étais là, ma chère fille, pour adoucir ce malheur, âgée alors d'un an un jour, puisque tu étais née le 25 février 1800. Nous t'emmenâmes à Montaigu, où tu fus atteinte d'une maladie si grave, que M. Trastour, médecin, et sa mère qui étaient près de ton berceau, crurent que tout espoir était perdu. Ils voulaient nous éloigner ; mais rien ne pouvait nous arracher de ce déchirant spectacle, tant que l'évènement si cruellement attendu n'était pas arrivé. Le bon Dieu eut pitié de nous, et te conserva, chère fille, à notre tendresse !... Plus tard, ce fut notre tour d'être malades. On creusait sous les murs de la cour et du jardin de la maison un terrain dépendant de l'ancien couvent des religieuses, pour vendre les terres aux cultivateurs. Je travaillais beaucoup, et ces causes réunies me donnèrent, deux années de suite, heureusement vers les vacances, des fièvres violentes et continues. Ma femme en fut aussi atteinte.

L'hyver venu, les excavations étaient suspendues et la santé nous revenait. C'est pour nous soustraire à ces funestes exhalaisons que nous nous décidâmes à changer de maison. Au reste une autre enfant nous était survenue le 15 avril 1804. Elle fut nommée Victorine-Antoinette-Elisabeth, madame Deshayes était sa marraine. C'est cette chère enfant, belle, douce, caressante, que nous avons eu le malheur de perdre le 29 février 1816, à Bourbon Vendée. Il y a bien longtemps de cela, mais mon cœur en saigne, chaque fois que ma pensée se reporte à ce douloureux moment !

Quand j'avais fait réformer une de ces décisions que mon jugement et ma conscience m'avaient conseillé d'attaquer, l'évêque Rodrigue était enchanté, chaque fois que j'avais à lui annoncer l'annulation de jugements presque toujours rendus contre son opinion. C'était au fond, je l'ai dit, un homme juste et honnête, à part sa conduite comme ecclésiastique.

Vers l'année 1804, une loi vint rétablir les écoles de droit qui avaient disparu en 1792. On ne pouvait renvoyer à l'école ceux qui étaient en exercice près les tribunaux. Il fut donc établi que ceux qui étaient en possession de plaider devant les tribunaux seraient licenciés de droit ainsi que tous les magistrats non licenciés avant la révolution, et que ceux qui avaient moins de trois ans d'exercice seraient licenciés sur examens.

M. Auvynet fils et moi, nous nous trouvions dans ce dernier cas.

Nous travaillâmes assiduement, à l'aide de l'ouvrage de M. de Malleville sur le Code Napoléon, récemment publié, afin de pouvoir subir l'examen auquel nous étions soumis. Rendus à Poitiers, après visites d'usage aux docteurs, parmi lesquels se trouvaient heureusement MM. Guillemot et Genet, que j'avais très souvent consultés, nous étions dans un salon d'attente, pour être admis à l'examen. Il y avait là un avoué de Tours qui me parut très bien. L'huissier annonce : « La Faculté ! » M. Allard, doyen, s'arrête et dit, après avoir appelé l'avoué de Tours, M. Auvynet et moi : « Messieurs, la Faculté a considéré que vous aviez fait vos preuves ; elle vous dispense de l'examen ! »

Nous fûmes bienheureux de cette faveur, dont nous témoignâmes notre reconnaissance à la faculté, et nous assistâmes à la séance annoncée. Ce jour-là, le célèbre avocat Biju et M. Rouillé, depuis avoué d'appel, furent examinés et licenciés. La rétribution à payer était de 300 francs ; aussi les jeunes avocats sortis de l'école nous appellèrent-ils dans la suite *les avocats de cent écus*, mais ils n'étaient pas plus employés et guère plus habiles que nous.

A partir de ce moment, j'eus des occupations presque au dessus de mes forces, mais tout à coup les affaires furent enrayées par une nouvelle prise d'armes des Vendéens. Le premier consul envoya dans le pays le général Gouvion, qui se mit en rapport avec l'abbé Herbert, curé d'Aizenay et oncle du conseiller Girard. Il y eut quelques escarmouches sans importance. Mais cela inquiétait le chef de l'Etat et l'obligeait à disséminer des troupes dont il avait grand besoin ailleurs. Il comprit que cette vaste contrée, des Sables à Angers, de Nantes à Sainte-Hermine, si favorable à la guerre de surprise et de buissons, avait besoin d'un point central de surveillance, de force et de civilisation, et il décréta, en 1805, l'établissement de la préfecture à La Roche-sur-Yon. Malgré l'étonnement que cette mesure causa, les plaintes de Fontenay, les représentations des autorités qui ne pouvaient se caser dans une bourgade inabordable en hyver, où une population de trois cents âmes logeait avec peine dans quelques masures restées debout après l'incendie, ou récemment réparées, il fallut obéir.

Le préfet alla loger à La Brossardière près Saint-André, que l'on fit un peu arranger à la hâte. Les conseillers de préfecture, le receveur général, les directeurs administratifs, les chefs et commis de bureaux s'entassèrent comme ils purent jusques dans des écuries converties en appartements. Le tribunal seul resta à Montaigu, en conservant sous-préfecture et recette particulière. Les ingénieurs se mirent à l'œuvre pour tracer la nouvelle ville, destinée à une population de 15.000 âmes dont elle n'a pas encore la moitié ; des routes furent ouvertes, des bâtiments, des casernes furent construits et une grande activité ne tarda pas à se manifester dans les relations et les affaires.

J'avais eu à suivre, pour madame de Boisy et ses enfants qui demeuraient au château de Landebaudière, commune de La Gaubretière, un procès des plus sérieux, qui intéressait. l'honneur du chef de la famille, fusillé avec M. d'Elbé à Noirmoutiers et la fortune de la maison.

Après l'enquête la plus concluante, j'avais perdu ce procès ; mais en appel et à une audience où j'avais accompagné Madame de Boisy et une de ses filles, justice complète leur avait été rendue.

J'avais aussi la clientèle de Mademoiselle de Beaurepaire. M. de Beaurepaire avait émigré ; mais, profitant d'une loi qui permettait aux émigrés de rentrer en France, il avait quitté Coblentz. A son retour, il se détermina à vendre la portion de la terre de Beaurepaire, dont il jouissait, à un négociant de Nantes nommé Branger, moyennant 260.000 francs je crois outre des charges très onéreuses telles qu'une rente de 800 boisseaux de seigle à l'abbaye de La Grénetière et une autre de 250 boisseaux même blé à un sieur Goupilleau.

A cette époque, M. de Beaurepaire avait sa mère qui habitait le domaine de La Châteigneraye dont elle était propriétaire et elle jouissait à titre de douaire de cinq belles métairies, de la terre de Beaurepaire. Ce domaine revenait à son fils et La Châteigneraye devait appartenir un jour pour moitié à Madame de La Richerie, sœur de M. de Beaurepaire.

La guerre de la Vendée étant survenue, M. de Beaurepaire y prit part et y trouva la mort. M. Branger, profitant du moment de calme qui avait ramené M. de Ludernière à Chantonnay où il fut arrêté, voulut se rendre à Fontenay, pour se libérer en assignats dépréciés, du prix de la terre de Beaurepaire qui était resté entre ses mains. Il fut surpris, vers Saint-

Fulgent, par une troupe de bandits, assassiné et dépouillé de tout ce qu'il portait à Fontenay. On a eu l'indignité d'imputer ce crime à M. de Beaurepaire, qui n'avait garde de l'avoir commis ; il était mort depuis plusieurs mois.

Mademoiselle de Beaurepaire, restée seule à l'âge de 17 ans, fut confiée à un sieur Brunetière, créé son tuteur.

Outre la belle fortune dont cette demoiselle se trouvait titulaire par la mort de toute sa famille à Beaurepaire et à La Gaubretière, elle possédait, du chef de sa mère, trois châteaux et dépendances : Montreuil, Beldecreux et Lisleau les Tours.

C'est sur ces entrefaites que l'empereur, arrivant d'Espagne, devait aller visiter la ville par lui fondée à La Roche-sur-Yon que l'on nommait alors *Napoléon*.

Il devait passer à Montaigu pour se rendre à Nantes.

Ma femme y amena Mademoiselle Gazeau, de Remberge, jeune et pieuse personne que j'accueillis de mon mieux.

Mon frère aîné était mort, laissant une fille unique mariée au docteur Néboux, fils du principal sous lequel j'avais étudié ; le docteur Néboux reste seul de ce mariage.

Sophie de Ludernière avait épousé, peu de temps après notre départ de Chantonnay, M. Brethé de La Barbière ; elle seule a survécu à tous ses frères et sœurs ; elle a trois enfants : Madame Meunier, le docteur Brethé et une fille mariée à un notaire des environs de Fontenay.

Emilie de Ludernière, qui, à sa sortie de pension, était venue demeurer avec nous à Montaigu, avait épousé, vers 1807, M. Lacombe. C'était une bonne et aimable femme, pour qui j'ai eu constamment le plus tendre et le plus pur attachement.

Gaspard de Ludernière, resté pensionnaire chez son tuteur, y était mort quelques années après notre départ de Chantonnay. Betzi de Ludernière, belle personne dans l'acception réelle de ce mot, avait épousé M. Majou, son cousin germain. A ses noces, qui durèrent cinq jours, il y avait une réunion charmante. Madame Fleury, alors femme du colonel Bouquet, y brillait par un port de reine et une toilette riche et de bon goût. Madame de La Serrie, Madame Desgrois, ma femme qui sans être jolie était gracieuse, aimable, élégamment mise, captivaient les aimables du jour ; je n'étais pas un des moins galants. Cette pauvre jeune femme, sans avoir eu d'enfants, est morte bien longtemps après, vers 1820 je pense.

Mademoiselle Constance de Ludernière aînée se détermina quelques années après notre départ de Chantonnay à épouser M. de Jallays, vieux gentilhomme. Au bout de quelques années de mariage elle est morte. La maison principale et paternelle qui avait été attribuée à Mademoiselle de Ludernière, fut acquise par M. Majou, qui l'habite maintenant.

Nous sommes au 8 août 1808, jour où l'empereur, partant de Napoléon, devait passer à Montaigu pour se rendre à Nantes (1).

Depuis huit jours, tout était en émoi. Un M. Walch, contrôleur des contributions indirectes et son frère, devenus depuis des royalistes exaltés, et des ennemis acharnés de Louis Philippe, s'occupèrent des préparatifs avec un zèle soutenu, un goût exquis.

Sur le pont, un arc de triomphe portait cette inscription : *A Napoléon réparateur.* Le long de la maison du curé, qui domine, une colonne bien peinte retraçait les principales victoires de l'empereur. Le maire, le conseil municipal, dont je faisais partie, les autres autorités, la garde nationale étaient là depuis midi, à attendre, lorsque, sur les quatre heures, arriva un énorme fourgon contenant les ustensiles du voyage, les cuisiniers, marmitons, etc., un peu plus tard, les officiers de bouche et un colonel-maréchal de logis de la maison impériale. Celui-ci déclare que l'empereur s'arrêtera et dînera à Montaigu.

Où peut-il loger ? — Le maire, M. Auvynet fils, offrit sa maison. Elle était inabordable pour les voitures et fut refusée. La cure, soigneusement visitée, était insuffisante. On était fort embarrassé, lorsque quelqu'un dit : « La maison de M. Tortat, située sur la route, pourrait convenir. — Je ne demande pas mieux que de l'offrir, si on la trouve suffisante. — Voyons-là, » reprit le colonel. Rendus à la maison, il la trouva bien. Les cuisiniers s'emparèrent de la cuisine, d'un petit salon à côté où nous mangions. Le salon de compagnie fut destiné à l'Empereur. Mais il fallait une autre pièce pour la suite. « A cela ne tienne », dis-je. Je fis sauter dans le jardin les tables de mon étude, des draps furent cloués

____

(1) Le récit du passage de Napoléon à Montaigu a été publié dans l'Annuaire de la Société d'Emulation de la Vendée en 1887.

sur les étagères de ma bibliothèque, de mes papiers, et voilà une pièce de dix-huit pieds sur quinze, prête à recevoir la table de dix-huit couverts qu'un aubergiste y dressa. Ma femme qui fut promptement avertie, dans la maison où la société attendait l'arrivée de l'Empereur, des arrangements pris, se rendit à la maison, où elle fit, sur l'invitation d'un maître d'hôtel nommé M. Leclerc, disposer nos lits, qui étaient décents et qui se trouvèrent rapidement garnis de notre plus beau linge.

Sur les huit heures, des cris enthousiastes, poussés par les autorités qui attendaient, sur une petite terrasse qui séparait la maison de la route et par la foule immense qui obstruait au loin tous les environs, annoncèrent l'arrivée de l'Empereur. Sa Majesté avait été précédée, à diverses reprises, par de grands dignitaires. Une légère pluie tombait alors. Le maréchal Duroc, pourvu d'un parapluie, alla recevoir l'impératrice et la conduisit au salon. L'empereur et le prince Berthier suivirent. La suite se composait, outre le maréchal Duroc, de M. Prad, archevêque de Malines, du ministre de la marine Decrès, trois dames d'honneur, Mesdames de La Rochefoucault, Maret et Gazany, cette dernière, lectrice de l'impératrice, des chambellants et autres officiers, formant, dans mon étude, une table de dix-huit personnes.

Le sous-préfet, le maire, ma femme et moi, nous étions dans le corridor qui séparait le salon de mon étude. Un chambellan et le mameluck s'y établirent aussi... Ils étaient là bien loin des splendides antichambres des Tuileries... Il fallait bien s'y résigner !

L'empereur était au salon depuis quelques instants, lorsqu'on y appela le sous-préfet. Il nous dit, en sortant : « L'impératrice, après avoir bu un verre d'eau. vient de vomir. L'empereur, paraissant inquiet, m'a dit : « Qu'est-ce que c'est, Monsieur ? Voyez donc cette eau... — Sire, avait répondu le sous-préfet, n'ayez pas la moindre inquiétude, vous êtes chez de très honnêtes gens. — Mais goûtez donc ! » Le sous-préfet s'était alors saisi d'un verre plein et l'avait avalé. A-t-il dit vrai ? C'était un aimable homme, M. Bernard de Fontenay, notre ami intime, qui peut avoir un peu exagéré. Mais M. Auvynet, maire, mandé à son tour, revint, en rapportant que la maudite eau avait encore fait le sujet des questions de l'empereur. Immédiatement, le mameluck, sortant de l'appartement, dit : « Le maitre de la maison qui est avocat ? » Je n'étais pas loin et je répondis : « Me voici, Monsieur. — Sa Majesté vous demande. » Immédiatement introduit, je trouvai l'empereur à table, tournant le dos à un feu assez vif qui avait été allumé par ses ordres. L'impératrice Joséphine était à la table, en face de l'empereur et le prince Berthier était au bout, du côté du jardin. Un seul maître d'hôtel, M. Leclerc, servait leurs majestés, avec les mets et les assiettes d'argent qu'on lui apportait. Je me plaçai en face du prince Berthier, ayant conséquemment l'empereur à ma droite et l'impératrice à gauche. Je me hâtai, après avoir salué le plus respectueusement, de dire : « J'ai appris avec une grande douleur, que Sa Majesté avait été indisposée du verre d'eau qu'elle s'était fait servir en arrivant. » La gracieuse princesse se hâta de répondre : « Ce n'est rien ! Cela tient peut-être à la fatigue, à la poussière du voyage. — Ou bien, dis-je, à la désobéissance de mon domestique. Dans cette saison, il faut aller au loin chercher l'excellente eau d'une fontaine, et, dans la crainte de se trouver absent lors de l'arrivée du cortège, il aura puisé au plus près. Ah, ajoutai-je en remarquant une carafe limpide, voici de belle eau. — Oui, répondit M. Leclerc, mais elle vient de Napoléon ».

Cet incident n'eut pas d'autre suite. On vit, à n'en pas douter, ma profonde tranquillité et toute inquiétude fut bannie. L'empereur, alors, me questionna sur une foule de choses : « Quel est le prix relatif des biens patrimoniaux et des biens nationaux ? — Sire, les premiers se vendent au denier vingt-cinq ; les autres se divisent en deux classes. Les biens de main-morte, provenant des moines, des chapitres et bénéfices, sont au denier vingt ; ceux d'émigrés, peu recherchés, se vendent souvent au dessous du denier douze à quinze. — Que faites-vous ici de l'ex-représentant Goupilleau ? — Personne ne le voit. — Il est fou, pas vrai ? — Sire, en ce moment il s'occupe continuellement de ses jardins. — Le peuple est-il tranquille maintenant ? — Sire, quand le peuple a quitté les armes, il est bon, loyal, hospitalier et, quoique la division des opinions soit toujours très tranchée, les crimes contre les personnes sont rares et n'ont jamais pour cause la politique. — Parle-t-on encore des Bourbons ? — Sire, il y a longtemps que votre gloire et vos bienfaits les ont fait oublier,... votre majesté a dû remarquer que toute la jeune noblesse du pays fait partie de sa garde d'honneur et qu'elle est commandée par M. Serin, ancien officier de dragons, sous la royauté. — Charette commandait-il dans cette partie de la Vendée ? — Non, sire, elle était sous les ordres du général de Sapinaud, brave homme que ses camarades surnomment encore *le général tranquille.* — Et Charette ? Il était cruel ? » — puis regardant le prince Berthier, il ajouta : « ... comme Alexandre, le fut-il ? » — Le prince répondit : « Non, il ne le fut pas. »

Je pris alors la parole et je dis : « Sire, le général Charette, presque abandonné par la population, attribuait ce résultat à l'influence des prêtres ; soupçonnant un jour le curé de La Rabatelière d'une trahison, il le fit prendre et fusiller ; cela hâta sa perte. Hors ce cas, personne n'a accusé ce chef de cruauté. C'était du reste, à mes yeux, le plus illustre des généraux vendéens ; il ne manque à sa renommée qu'un homme de talent pour en retracer les éléments. »

L'empereur fit trêve à ses questions pour renvoyer un morceau de poisson qu'il ne trouva pas frais, malgré l'assurance du maître d'hôtel. Je saisis cette occasion pour supplier Sa Majesté de me permettre de l'entretenir d'une question de propriété qui était, pour le Poitou, d'un immense intérêt.

« Sire, vous qui avez déjà réparé tant d'injustices, il en est une que vous pouvez faire cesser d'un mot. Il existe, dans la Vendée, de grands clos de vignes concédés à titre de complant, c'est-à-dire que le bailleur, resté propriétaire du terrain, avait droit à la cinquième ou à la sixième partie des fruits. On a pourtant attaqué ces concessions, comme entachées de féodalité, parce qu'un denier de cens ou un chapon par journal était ajouté à la redevance. — Ce n'est pas la justice qui doit trancher cette question, c'est la politique. — Sire, vous avez pourtant rétabli ces prestations dans le comté nantais, où le contrat à complant n'a été introduit qu'à l'imitation de la coutume de Poitou. Le preneur n'a jamais payé l'impôt avant la révolution ; il pouvait être expulsé pour mauvaise culture, sur un simple procès-verbal de constat, en un mot il n'était pas propriétaire. — Tout cela sont des distinctions de gens de loi ! Encore une fois c'est la politique et non la justice qui l'emporte ici. Il n'y a pas à revenir à cet égard. Mon Dieu ! la propriété féodale, acquise de bonne foi, avant la Révolution, était légitime, ne fut-ce que par la prescription ; on l'a supprimée cependant ; que faire à cela ? se soumettre. » Puis l'empereur se leva et me dit : « Avertissez le Corps municipal ».

Peu d'instants après, je rentrai au salon avec le corps municipal. L'empereur fut gracieux. On se borna à lui demander une cloche. Il la promit, puis nous fîmes place au tribunal, aux juges de paix, etc.

Pendant que j'étais au salon, les dames d'honneur avaient prié ma femme de les conduire dans un appartement supérieur. Sur la question qu'elle leur adressa, pour savoir si on coucherait à Montaigu, Madame de La Rochefoucault répondit : « Le savons-nous ? L'empereur, va peut-être, dans un instant, donner l'ordre du départ ».

En passant à Saint-Georges, l'empereur avait accordé 20.000 francs pour la reconstruction du clocher. Il semblait s'étonner de la discrétion des Vendéens qui ne demandaient rien ou presque rien. Aussi l'impératrice, alors que je parlais en bons termes de la population, paraissait-elle heureuse et elle ajoutait : « Je vous le disais bien, sire, que c'était un bon peuple ». Cette excellente princesse était très décolletée, encore très bien et surtout gracieuse. Je ne pouvais m'empêcher pendant le repas de la regarder avec amour ; aussi eus-je un grand chagrin lorsque l'empereur eut la dureté de s'en séparer.

J'oubliais de dire que l'empereur m'avait demandé si j'avais servi. Je répondis : « Fort peu de temps, Sire ; je n'étais pas de la conscription de 18 à 25 ; mon père s'étant opposé à ce que je continuasse le service, m'avait obtenu une place au Comité de législation. C'est après les événements du 13 vendémiaire que je suis venu dans la Vendée où je me suis marié. » Je ne remarquai pas, dans le moment, que j'avais très intempestivement et maladroitement rappelé à l'empereur cette funeste journée du 13 vendémiaire, qu'on lui a toujours reprochée. Mais je pense que cela aurait mis obstacle aux bonnes dispositions qu'il me montrait. Au reste, je ne demandai rien, à la grande surprise de mes amis ; l'idée ne nous vint même pas de présenter notre chère petite Adèle à la bonne impératrice.

Après les réceptions, l'empereur donna l'ordre du départ. Il était près d'une heure lorsqu'il se mit en route, escorté par la garde d'honneur du pays, et il arriva à Nantes sur les trois heures du matin, où on ne l'attendait plus, tant la patience avait été mise à l'épreuve auparavant.

Après le départ de l'empereur et de sa suite, un officier me demanda combien j'avais de domestiques. « Deux, » répondis-je. — « Voilà ce que je vous prie de leur distribuer de la part de Sa Majesté ». Il y avait en or 360 francs, que je partageai entre la cuisinière, qui était de Nantes, et un jeune domestique, de Chantonnay. Vous jugez de leur joie !

Le lendemain, les cancans ne manquaient pas. L'empereur devait me nommer préfet, m'attirer au Conseil d'Etat... enfin ma fortune était l'inévitable suite de la réception longue et gracieuse dont j'avais été l'objet. Il y avait plus de jalousie que de bienveillance dans ces commérages. Cependant quelques-uns se rapprochaient comme devant un soleil levant.

On trouva, dans les désordres de la cuisine, une cuillère d'argent. J'emportai cet objet à Nantes où je me rendis, le 9 août, avec M. Bernard, le sous-préfet ; je me hâtai d'aller au palais impérial, où je la remis entre les mains de M. Leclerc.

En me remerciant, il me dit : « Est-ce que vous n'avez rien à demander à l'Empereur ? — Mais, dis-je, que voulez-vous que je lui demande ? — Il vous a reçu avec tant de bienveillance que je ne me rappelle pas un pareil accueil. »

Les fêtes de Nantes furent magnifiques ; mais M. Bernard ni moi nous ne pûmes obtenir l'entrée du bal qui fut donné au cirque du Chapeau rouge.

Ma femme devenue grosse, accoucha de toi, mon cher Jules, le 22 mai 1809. Ce fut une grande joie dans la maison. Je ne prévoyais pas alors le bonheur que tu répands maintenant sur mes vieux jours, l'élévation de ton cœur, l'estime que t'ont conservée tous ceux qui t'ont connu, la tendre affection dont tu payes mes soins, et je me livre avec une confiance sans bornes aux séduisantes espérances que ta conduite et ta capacité ne peuvent manquer de réaliser. Dieu veuille me laisser le temps d'en jouir.

Montaigu n'offrait aucune ressource pour l'instruction des jeunes personnes. Il y avait bien deux vieilles religieuses qui enseignaient à lire, écrire et travailler ; mais le personnel de l'école était tellement mélangé que nous prîmes le parti de mettre Adèle en pension, au couvent de Chavagnes ; sa pauvre petite sœur resta à la maison.

Chaque jour ma clientèle augmentait. Napoléon, peuplée de gens sans aveu attirés par les travaux immenses qui s'y exécutaient, nous fournissait une foule de saisies-arrêts, d'expropriations et d'affaires de tout genre ; ma position financière était très bonne ; quelques spéculations sur les biens avaient acccru notre aisance.

Vers 1810, les citoyens furent appelés à nommer des électeurs qui devaient élire les députés à l'assemblée législative. Dans chaque canton, un président nommé par l'empereur, assisté de deux scrutateurs et d'un secrétaire, devait, pendant huit jours, recevoir les votes de tous ceux qui étaient sur les listes dressées dans chaque commune. Il y avait à nommer, dans chaque canton, un certain nombre d'électeurs d'arrondissement et un certain nombre d'électeurs pour le collège de département ; ceux-ci ne pouvaient être pris que parmi les six cents plus imposés du département.

M. Auvynet était président du canton de Montaigu ; il me prit pour secrétaire. Je fus nommé électeur pour le collège d'arrondissement de Napoléon, qui fut bientôt réuni dans un des salons de la préfecture. Chaque collège d'arrondissement nommait trois candidats ; le collège de département en nommait également trois. Sur les douze candidats élus dans la Vendée, le préfet, en conseil de préfecture, de concert avec le président du collège de département, réduisait la liste à neuf, et c'est sur ce nombre que le sénat nommait les députés, au nombre de trois. Quoique la politique fut alors inoffensive, il y eut lutte à Napoléon. Nous eûmes de la peine à y faire passer M. le baron du Fougerais, qui était président du collège. Nous échouâmes pour M. Guerry de Beauregard, mari d'une Larochejacquelin, que M. de Barante, le préfet, voulait absolument faire nommer. A cette occasion, M. du Fougerais me fit cadeau du portrait de l'empereur renfermé dans du cristal ; j'ai conservé ce portrait.

Ce fut vers la fin de juin 1811, que la Cour d'assises fut organisée et installée à Napoléon.

Le tribunal de Montaigu, dès lors supprimé, fut donc remplacé par le tribunal de neuf juges, quatre suppléants, un procureur impérial, deux substituts et un substitut du procureur général, exerçant seulement au criminel. M. Auvynet fut maintenu dans la présidence et je fus l'un des suppléants.

J'avais loué d'un entrepreneur, M. Delépine, moyennant mille francs, une très petite maison, située route de Saumur. Heureusement, je pus sous-louer pour quatre cents francs, à un chapelier, la petite boutique et l'arrière-boutique qui en dépendaient. C'est là que nous allâmes nous installer, et c'est là, mon bon et cher Emile, toi qui ne m'as jamais causé que de la satisfaction, que tu es né le 9 septembre 1812.

M. Auvynet père ne tarda pas à se retirer de la présidence, qui fut donnée à son fils aîné, qui avait, quelque temps auparavant, quitté le barreau, pour une place de conseiller de préfecture. J'étais alors, je puis le dire, l'enfant gâté du tribunal. Je recevais souvent ces messieurs, dans de gais repas que quelques-uns rendaient ; mon ami Ménardeau était de nos réunions et tenait une maison confortable. Il avait pour pensionnaires Gillaizeau, procureur impérial, et M. Guillet, substitut au criminel.

L'empereur, qui avait appris, lors de son passage dans la Vendée, la triste capitulation du général Dupont, en Espagne, avait témoigné aux ingénieurs et aux autorités de Napoléon beaucoup d'humeur. Il était mécontent des constructions, de leur cherté. Néanmoins, il ne voulut pas abandonner son œuvre. L'ingénieur en chef, fort maltraité, fut disgracié, mais bientôt replacé à Tours.

Il n'y a pas d'administration où l'on sache mieux s'entendre et se soutenir ! Le préfet, M. Merlet, fut mandé à Paris, et un décret, daté de Napoléon, le 8 août 1808, fut rédigé et publié environ trois semaines après, qui accordait, pour la continuation des travaux de la ville et des routes, une somme de six millions. Seize cent mille francs furent alloués pour être distribués en primes de huit cents francs au plus aux propriétaires qui rebâtiraient leurs maisons incendiées, dans un délai donné. J'ai profité de ce crédit, dans diverses localités, surtout à La Châtaigneraie, pour trois mille deux cents francs. La dernière prime de huit cents francs me fut payée dès mon arrivée à Napoléon.

M. Delépine, qui avait bâti la préfecture et beaucoup d'autres constructions, pour le compte de l'état, tenait, à Napoléon, une maison confortable ; sa femme, allemande de naissance, était fort attentive pour la mienne ; mais elle mourut quelque temps après.

Son mari songea bientôt à se remarier, et un certain Moreau de la Miltière, jeta son dévolu sur lui pour établir sa fille. Ce personnage dont M. de Châteaubriand parle dans ses Mémoires d'Outre-Tombe, avait émigré. On l'avait nommé

entreposeur des tabacs pour tout le département et ses maga-
sins existaient chez M. Delépine.

Aussi voulait-il céder sa place à M. Delépine, s'il consentait
à lui faire une rente et à épouser sa fille. Il m'entretint de ce
projet, en me priant de m'y intéresser; tout s'arrangea.
M. Delépine eut la place, constitua la pension, et épousa la
demoiselle. Celle-ci habitait Rennes, avec sa mère et sa sœur
aînée. J'ai assisté à ce mariage, où se trouvèrent une dame
de Châteaubourg, sœur de M. de Châteaubriand, et
M. Loquet de Blossac, demeurant actuellement à Saintes. Ce
dernier eut l'obligeance de me copier le discours que M. de Châteaubriand avait préparé pour sa réception à l'Académie et
qui l'avait empêché d'y entrer, parce qu'il avait flétri
Chénier, auquel il devait succéder, en lui reprochant d'avoir
voté la mort de Louis XVI.

Nous étions alors au mois de décembre 1812. En passant à
Nantes, nous apprîmes l'entrée de l'empereur à Moscou. On
ne peut se figurer l'enthousiasme des populations. Tout le
monde croyait l'empereur maître des destinées de l'Europe
et assez fort pour imposer sa volonté à l'Angleterre. En
effet, si les éléments et la Providence ne s'en étaient mêlés,
la Russie subjuguée, ralliée au système du blocus conti-
nental, il ne restait à l'Angleterre, grevée d'une dette de
trente-deux milliards, qu'à se soumettre ou à succomber sous
l'irrésistible paralysie de son commerce; car l'empereur, en
la privant des débouchés qui l'ont enrichie et la soutiennent,
pouvait l'attaquer dans l'Inde, et son rêve de domination uni-
verselle était réalisé.

Mais un sinistre bulletin vint jeter la France dans la plus
douloureuse consternation!... L'armée de six cent mille
hommes que l'empereur avait conduite en Russie, y avait été
pour ainsi dire anéantie sous les neiges et les frimats. Au
passage de la Bérésina, des milliers de braves, qui se
pressaient sur de fragiles ponts, avaient péri dans les flots. On
trouvait des régiments presque entiers, morts de froid. Les
chevaux périssaient de faim et servaient de nourriture aux
malheureux qui avaient pu résister à la dureté de l'hiver ou
échapper à la fureur des Russes et des Cosaques. Enfin l'empereur, vaincu, était revenu en France. A son passage à Var-
sovie, où il trouva l'archevêque de Malines, l'abbé de Prad,
son ambassadeur, il était, d'après ce dernier, accablé sous le

poids de son infortune ; il se promenait à grands pas, dans la chambre où ils se trouvaient, en disant : « Tout est perdu ! Il n'y a qu'un pas du sublime au ridicule !... J'ai touché à l'empire du monde ! Quelle sera maintenant ma destinée ? »

La France, cependant se montra grande et généreuse. Outre les levées légalement ordonnées, elle offrit, de tous les points, des chevaux, des subventions, et l'empereur put reconstituer une belle armée et se présenter en 1813, avec des succès, sur les champs de bataille de l'Allemagne. ...Je n'ai pas, mes enfants, la prétention de faire l'histoire de ce temps-là. Elle est écrite par M. Thiers avec une exactitude à laquelle je ne saurais prétendre, car je n'ai, pour me guider, que mes souvenirs. Enfin l'empereur, pressé de toutes parts par les armées nombreuses de la Russie et des puissances qui, après avoir marché sous ses ordres, lui avaient fait défection, fut malgré toute son habileté, la bravoure et le dévouement sublimes de l'armée, témoin de l'envahissement d'une partie de la France, de la prise de Paris, et réduit, au mois d'avril 1814, à la nécessité d'abdiquer le pouvoir. Le Sénat le déclara déchu et rappela au trône, sous le nom de Louis XVIII, Monsieur, comte de Provence.

Dès le mois de mars 1814, le duc d'Angoulême, conduit par le duc de Wellington, était entré à Bordeaux. La Vendée avait repris les armes avec une certaine timidité, sans avoir combattu. M. le comte d'Artois rentra alors à Paris, précédant son frère, et il y fut reçu, quoique la chose ait été contestée, avec un enthousiasme réel !

On était, il faut le reconnaître, horriblement las des maux que la guerre avait attirés sur la France. Les familles, privées de leurs enfants par suite de combats meurtriers, épuisées par des sacrifices énormes, que ne compensaient point les produits d'un sol mal cultivé ou les ressources d'une industrie dans l'enfance et sans débouchés, étaient heureuses de voir la paix succéder à tant de désastres.

Le comte d'Artois, en sa qualité de lieutenant général du royaume, décréta que la ville de Napoléon prendrait le nom de Bourbon-Vendée. Ce décret, reçu avec reconnaissance par les Vendéens, ne plaisait guère à la population laborieuse de la ville. Quant à moi, j'en fus très satisfait. J'étais alors adjoint à la mairie dont M. de Lépineraye était titulaire quoique conseiller de préfecture. Ce fut lui qui proclama, avec courage, le changement de gouvernement.

M. Duplessis, juge, et moi, nous illuminâmes. Nous fumes isolés dans cette manifestation qui indigna la troupe. On fut à la veille de briser nos fenêtres. M. Duplessis n'avait point quitté la Vendée pendant la guerre; il avait même été membre du conseil supérieur qui siégeait à Chatillon. Pour moi, qui avais vécu sous la monarchie des Bourbons, je les vis revenir avec bonheur, parce que leur retour mettait fin à d'horribles calamités et que j'en espérais pour l'avenir, réconciliation des partis, paix et prospérité pour tous.

Cette illumination fut néanmoins une imprudence sans nécessité. Ce fut là le premier acte significatif de ma vie politique. Je sus le maintenir avec fermeté contre ceux qui essayèrent de m'en blâmer.

Louis XVIII, rentré à Paris, proclama la Charte et parut disposé à respecter les conquêtes que la nation avait faites en 1789 sur la féodalité et les privilèges. La bourgeoisie se ralliait de bonne foi, mais les émigrés, les Vendéens étaient mécontents. Les uns auraient voulu qu'on leur rendit leurs biens confisqués et vendus, les autres n'obtenaient pas les récompenses anxquelles ils prétendaient avoir droit. Le pauvre roi, assiégé de plaintes, de sollicitations, accorda quelques grades, quelques faveurs mal accueillis par le public. Il fit la faute énorme de décréter que les cadets de noblesse seraient seuls admis dans les écoles militaires du gouvernement. Cette ordonnance généralement blâmée, fit un tort incalculable à la légitimité; l'armée surtout en ressentit l'injure. Les bonapartistes se réjouissaient de ces impoliti-ques mesures.

Aussi vers le mois de septembre 1814, le duc d'Angoulême, arrivant à Bourbon Vendée, sous l'escorte exclusive des Vendéens, fut-il très froidement accueilli par la population. Mais on y avait attiré une masse de paysans qui dominaient, par leurs manifestations, l'indifférence des habitants. J'avais accompagné le maire à l'arrivée du prince, à la Comète, et je le suivis, avec le conseil municipal, à la préfecture.

Les travaux avaient repris à Napoléon, le palais de justice terminé recevait sa destination. Le collège qui avait été fondé à Saint-Jean-de-Mont, dans le marais nord-ouest de la Vendée, avec une dotation de 25.000 francs, fut transféré à

Napoléon, dans le bâtiment où existe actuellement le lycée.
L'hyver fut très gai, les affaires, la confiance, le crédit
étaient revenus, et tout semblait devoir se consolider,
lorsqu'on apprit subitement que l'empereur, échappé de l'île
d'Elbe, avait débarqué le premier mars 1815, avec environ
mille hommes de sa garde, sur les côtes de Provence, à Cannes,
je crois. La surprise fut extrême. Le gouvernement prit des
mesures vigoureuses ; le maréchal Ney partit pour aller
combattre l'empereur et il jura, aux mains de Louis XVIII,
de le ramener dans une cage de fer. Mais le premier régiment
rencontré, commandé par Labédoyère, mit bas les armes et
suivit l'empereur qui entra successivement à Grenoble, à
Lyon, et arriva triomphalement jusqu'à Paris consterné, où
il parvint le 20 mars 1815. Louis XVIII en était parti la veille
et alla s'installer à Gand.

L'empereur prit alors d'énergiques mesures pour recom-
poser l'armée, les corps constitués. Il envoya dans les départements des commissaires chargés d'épurer les autorités.

Ce fut Boissy d'Anglas, l'ex-conventionnel, l'ex-sénateur et
pair de France, qui vint dans la Vendée. J'étais à l'audience
qu'il donna à la préfecture. On me proposa une place de conseiller de préfecture, en remplacement de M. Guerry de
Beauregard, mari d'une Larochejacquelin, qui fut révoqué.
Je refusai et fus, à mon tour, révoqué de mes fonctions
d'adjoint.

Le préfet de la Vendée au 20 mars était un vieil émigré,
brave homme, du reste, âgé de 70 ans, nommé M. de Beau-
mont. Il y eut à la préfecture une réunion à laquelle je fus
appellé. Il proposa de lever l'étendard de la révolte et de continuer à administrer au nom du roi. Mais Messieurs de
Suzannet, de Béjarry, de Chantreau et autres déclarèrent
qu'ils n'étaient pas prêts et force fut au préfet de déguerpir.
Lors du passage de Boissy d'Anglas, c'était M. Cavoleau,
prêtre marié, secrétaire général, qui administrait. Il était de
la société intime des magistrats et de la mienne, il me témoignait estime et affection, et c'est lui qui insistait surtout pour
m'avoir comme conseiller de préfecture et ce fut lui qui, à
son grand regret, dut me faire destituer de mes fonctions
d'adjoint.

L'empereur convoqua les collèges électoraux pour la nomination de députés au Corps législatif. Je fus appelé, comme

les autres électeurs, à l'assemblée qui eut lieu dans la salle d'assises. Il fallait faire un serment de fidélité à l'empereur, avant de voter. Je restai chez moi. M. Martineau, de Saint-Fulgent, père de madame de La Proutière, fut élu à Napoléon.

Pendant ce temps-là, les Vendéens s'étaient organisés et, le 22 mai, ils firent sonner le tocsin dans toutes les campagnes. Les acquéreurs de biens d'émigrés et même d'église, pour qui le Bocage n'était pas tenable, se réfugièrent à Napoléon ; tout s'y organisa afin de résister à une attaque imminente. Le général de Sapinaud, avec huit ou dix mille hommes, d'autres ont dit quinze, ne tarda pas, en effet, à s'approcher de la ville. Il bivouaqua une nuit, dans la lande, près de La Ferrière ; mais, dès le lendemain, il tourna la ville et se dirigea vers la côte, afin de protéger le débarquement d'un navire que M. Louis de La Rochejacquelin avait frété à Londres et qui était chargé d'armes, de poudre, d'équipages de cavalerie, etc. Le débarquement s'opéra heureusement ; mais au retour, le général Travot, qui avait organisé en corps franc tous les bonapartistes du pays en état de porter les armes, joignit l'armée du général de Sapinaud à Aizenay, la mit dans une déroute complète, quoiqu'il n'eut guère que mille hommes sous son commandement, tandis que les Vendéens formaient un corps de huit à dix mille hommes. C'est là que M. Guerry de Beauregard, mari d'une de La Rochejacquelin, conseiller de préfecture révoqué, fut tué.

La division Travot rentra à Napoléon ivre de joie. Le buste en marbre de l'empereur fut processionnellement promené dans les rues. J'eus le chagrin d'y voir figurer M. Auvynet, ancien secrétaire du général Charette, M. Luce, receveur général, des juges, etc. Je sentis alors que le pays n'était pas habitable pour moi, au milieu d'une guerre civile acharnée, à laquelle je ne voulais prendre aucune part.

Nous partîmes pour La Rochelle avec toi, mon cher Jules ; Emile resta à la maison sous le gouvernement d'une fidèle servante ; Adèle avait, un peu auparavant, été envoyée chez Madame Trubert, à Nantes. Notre pauvre petite Lise était à Montaigu, au couvent des religieuses, que les dames de Chavagnes y avaient récemment établi. Les passions étaient tellement excitées, que nous fûmes insultés, dans la diligence qui nous emmenait, par des habitans de Napoléon, qui revenaient de Luçon avec des canons qu'ils étaient allés y chercher.

Notre séjour à La Rochelle fut paisible et même agréable. Nous y avions des connaissances qui nous firent mille politesses. J'étais admis dans un cercle composé de négociants, de magistrats, qui, presque tous, avaient hautement blâmé l'usurpation militaire que l'empereur avait exécutée. Un sieur Guichard, et un ou deux autres, connus pour partisans du nouveau régime, étaient sans cesse bernés et réduits le plus souvent à se retirer.

Cependant, la guerre continuait en Vendée. Le général Lamarque fut nommé, par l'empereur, général en chef. Il atteignit, à La Roche Servière, l'armée vendéenne, la mit en déroute, et tua M. de Suzannet, son général. Un peu auparavant, M. Louis de La Rochejacquelin avait été tué aux Mathes, dans le marais de Saint-Jean-de-Mont.

M. d'Autichamp, qui commandait à Beaupréau, Chollet et environs, réunit les chefs vendéens qui, rongés d'ambition, prétendaient tous au commandement supérieur. Le pauvre M. de Sapinaud, revêtu du titre de généralissime, était un excellent homme, sans énergie, sans instruction. Je l'ai connu très particulièrement, je puis même dire intimement, car il fut heureux, plus d'une fois, de me trouver pour divers écrits qui aidèrent plus tard aux faveurs dont il devint l'objet.

L'empereur, après les parades du champ de mai, partit pour rentrer en campagne. Ses premiers pas furent marqués par des succès.

Dans l'intérieur, on multipliait les levées d'hommes, sous le nom de fédérés. Il arriva à La Rochelle quatre mille hommes recrutés dans les départements de la Creuse, la Haute-Vienne et autres lieux circonvoisins. Les chefs étaient d'une exaltation extrême et ils exigeaient des soldats des démonstrations auxquelles les malheureux ne se prêtaient qu'avec peine. On les voyait parcourir les rues, en criant mollement : « Vive l'Empereur ! — Pourquoi criez-vous comme cela, leur demandait-on ? — Dame ! répondaient-ils, les chefs le voulont. »

Les événements, comme vous le voyez, mes bons et chers enfants, étaient graves. Je ne gagnais plus d'argent ; il fallait en dépenser beaucoup et nos ressources s'épuisaient. Je sentais le besoin d'opérer quelques recouvrements sur les fermes de La Chateigneraie, qui étaient échues. Je voulais ensuite retirer ma pauvre petite Lise de Montaigu, où les Vendéens étaient maîtres. Je me hasardai à rentrer dans la Vendée, non par Napoléon, où j'aurais certainement eu à subir des désagréments, peut-être des persécutions, mais par Chantonnay. Je pris là un ancien cavalier vendéen, avec lequel je me rendis à Montaigu, où ma chère enfant avait été heureusement préservée de toute frayeur. Je la ramenai à Chantonnay, et de là à La Rochelle, sans accident. En passant à Saint-Fulgent, j'avais envoyé un exprès, pour informer nos fermiers qu'à mon retour je serais content de les voir et d'obtenir tout ou partie de ce qu'ils devaient. Deux se trouvèrent au rendez-vous et m'apportèrent une douzaine de cents francs. Ils m'apprirent que M. de Sapinaud était à Bazoges, avec huit cents hommes, que M. d'Autichamp avait quinze mille hommes à Chollet, que Mademoiselle de La Rochejacquelin avait réuni, vers Bressuire, deux à trois mille hommes et que la guerre allait se continuer. Les Vendéens savaient bien qu'ils ne pouvaient rien par eux-mêmes ; mais c'était, pour ceux qui voyaient les choses avec intelligence, une diversion d'un grand poids en faveur de la cause monarchique. Par là, ils privaient l'empereur de troupes aguerries qui lui auraient été bien nécessaires dans la lutte désespérée qu'il avait à soutenir contre les armées de l'Europe et ils agissaient sur l'opinion, qu'il fallait soutenir. Il est certain que malgré de sérieux mécontentements produits par des fautes du gouvernement de Louis XVIII, l'empereur n'avait pas pour lui la saine et imposante opinion publique.

A mon retour de la Vendée avec ma petite Lise, je fus obligé de coucher à Luçon, où quelques réfugiés cherchèrent à me faire arrêter. Suivant eux, je venais d'avoir des conférences avec les chouants ; on visita mes papiers et force fut bien de me laisser passer.

Peu de temps après, un soir que j'étais au salon de La Rochelle, un négociant, M. Arzac Seignet, homme charmant et royaliste spirituel, vint nous annoncer que M. Titon, receveur général et son ami, descendait de voiture, au retour d'un voyage à Paris et qu'il lui avait appris la défaite de l'armée impériale à Waterloo. Cette terrible nouvelle causa des sensations diverses. Le commerce, qui était dans une horrible souffrance, y vit la fin d'une crise dont, quelques jours auparavant, on ne pouvait prévoir les malheurs et la durée.

De mon côté, je le confesse, je fus satisfait d'un résultat qui devait me rendre une position compromise, sur laquelle je n'avais pas été sans inquiétude ; mais tous nous fûmes unanimes pour déplorer la mort de tant de braves, victimes de la malheureuse tentative de l'empereur, et pour prévoir les accablants sacrifices qui allaient en résulter pour la France. De quelque manière, au reste, que les choses se fussent passées, l'empereur eut-il été vainqueur à Waterloo, devait succomber sous les efforts du million d'hommes armés contre lui et devant les résistances de l'opinion publique. Qui peut dire aujourd'hui qu'elles auraient été les suites, les désastres d'une lutte plus longtemps prolongée ? Quoiqu'il en soit, l'empereur, de retour à Paris, fut réduit à abdiquer de nouveau en faveur de son fils ; mais les armées étrangères vinrent encore occuper la capitale et y ramenèrent Louis XVIII.

Après cette seconde abdication, l'empereur vint à Rochefort. On disait, à La Rochelle, qu'il voulait s'y enfermer et s'y défendre, mais on ajoutait peu de foi à ces bruits. Nous sûmes, peu de jours après, qu'il était parti pour l'île d'Aix et que de là, il s'était rendu au capitaine du vaisseau anglais le Bellérophon. Avant de retourner en Vendée, je voulus conduire ma femme et Jules à Rochefort où nous visitâmes le port, l'hôpital, etc. Beaucoup d'officiers de l'empire étaient encore là. A la Coquille, où nous logions, il fallait une grande réserve ; nous l'observâmes sans peine. Il y aurait eu lâcheté à braver d'intrépides officiers, froissés dans leurs plus respectables sentiments.

Après la rentrée de Louis XVIII à Paris, je songeai à quitter La Rochelle, pour revenir en Vendée. Je rencontrai à Luçon un nommé Bernard, qui me prévint que l'irritation contre moi était extrême et qu'il ne me conseillait pas de braver encore des passions fougueuses dont je serais probablement victime. Je ne me laissai pas un instant intimider par ces sinistres prédictions. Grâce à Dieu, je n'avais fait de mal à personne et je me sentais assez fort pour répondre à d'indignes provocations. Rendu à Bourbon-Vendée avec ma femme, Jules et Lise, nous trouvâmes Emile bien portant et tout en ordre dans la maison. La gouvernante n'y avait pas été inquiétée. Les rues étaient barricadées ; l'artillerie était encore parquée sur la place et tout se ressentait encore de la

vigoureuse réception que la troupe et les habitants avaient
préparée aux Vendéens, s'ils s'étaient présentés. Mais ils
n'avaient pas osé tenter une attaque, quoiqu'ils eussent eu la
plus grande envie de s'emparer de la ville. Malgré la prédiction qui m'avait été faite à Luçon, je n'eus pas à subir la plus
petite insulte.

M. de Malleville, nomme préfet de la Vendée, ne tarda pas
à se rendre à son poste. Je fus, sur-le champ, l'objet de ses
prédilections. C'était un administrateur sage et éclairé, qui
eut à souffrir plus d'une fois des absurdes prétentions de cer
tains chefs vendéens. Il me proposa la mairie de Bourbon-
Vendée, que M. Guitton, notaire, avait exercée pendant les
Cent-Jours de l'usurpation. Je n'avais guères envie d'accepter
cette place, dont je prévoyais les difficultés ; ma femme, plus
judicieuse que moi dans cette circonstance, se prononçait
résolument pour l'abstention ; mais le préfet et tous les honnêtes gens se coalisèrent pour vaincre la résistance, et je fus
installé solennellement à la mairie, le 16 ou le 17 août 1815.

Si j'avais le vif assentiment des royalistes et des gens
tranquilles, ceux qui s'étaient le plus signalés pendant les
Cent-Jours furent fort alarmés de ma nomination ; ils redou-
taient apparemment quelques-unes des basses vengeances
dont ils étaient capables. Mais je publiai, le 19 août, une proclamation qui fit le meilleur effet sur toute la population, et
me procura les plus doux témoignages de confiance : en voici
quelques passages :

« Habitants de Bourbon-Vendée, .

« Nous venons de traverser des événements sans exemple
dans l'histoire des nations ; les circonstances sont difficiles
pour les administrateurs et les citoyens ; mais on peut les
adoucir avec de la prudence, de la modération et de la bonne
volonté. En acceptant l'honorable témoignage de confiance
que je viens de recevoir, je n'ai point cédé aux mouvements
d'un vain amour-propre ; j'ai cru que je pouvais vous être
utile, etc.

« Il faut, mes chers concitoyens, que je vous parle avec
franchise. La ville passe pour avoir montré, dans ces derniers
temps de malheur, une exaltation condamnable... Il importe
d'effacer jusqu'à la trace de cette funeste impression... Que
ceux qui ont eu le courage et le bonheur de rester inébranla-

blement attachés à la cause du Roi, de l'honneur et du devoir, éclairent ceux qui se sont laissés entraîner... Faisons tous le sacrifice généreux de nos haines particulières, de nos ressentiments, lors même qu'ils nous paraîtraient légitimes !... Les torts de l'opinion doivent toujours être jugés avec indulgence, etc. »

M. de Malleville, les magistrats et les vendéens éclairés et raisonnables, me louèrent d'avoir tenu ce langage modéré à une population qu'il fallait calmer. Les bons effets s'en firent immédiatement sentir ; mais les fous, qui se disaient plus royalistes que le roi et qui auraient voulu faire du maire de Bourbon-Vendée l'exécuteur de leurs haineuses passions, commencèrent à me tenir pour suspect. Je fus néanmoins appelé à une espèce de conciliabule, chez M. Chastain, principal du collège, homme fort exalté, dont j'aurai à m'occuper plus d'une fois. Là, se trouvèrent le baron de Maynard, commandant dans le marais nord-ouest, où il avait fait arbitrairement arrêter et indignement maltraiter plusieurs propriétaires du parti contraire au sien, un nommé Caillaud, ancien serrurier, qui avait participé à la première guerre de la Vendée et beaucoup d'autres royalistes. Là aussi se trouva un nommé Guérin, juge à Bourbon-Vendée. C'était un homme sans fortune, sans consistance, qui vivait chez un certain Biron, ex-aubergiste et agent des plus fougueux vendéens. On prétendit que M. de Malleville se montrait, comme moi, trop modéré. On proposa de lui adresser une représentation, afin d'obtenir des mesures énergiques, l'épuration des fonctionnaires, etc., et on voulait me charger de la rédaction de cette espèce de réprimande. Je refusai de m'associer à une telle résolution et conséquemment d'en rédiger les termes. Guérin s'en chargea et la pièce, signée de quelques-uns des assistants seulement, fut portée à M. de Malleville, qui s'en trouva blessé et la repoussa avec indignation.

A cette époque, les Vendéens étaient venus, au nombre de 1.800, occuper la ville. Le chef de la troupe voulait leur résister ; M. de Malleville était un peu de cet avis ; mais il eut fallu verser le sang, sans nécessité. J'engageai M. de Malleville à une espèce de capitulation qui fut acceptée. Les Vendéens entrèrent et la troupe se retira à Luçon. La garde nationale de Bourbon-Vendée fut désarmée Mais le général

Rivaud de La Raffinière arriva à Luçon, d'où il voulait ramener la troupe à Bourbon-Vendée. Le préfet, quelques chefs
vendéens et moi, nous allâmes à Luçon, où il fut convenu
que la troupe reviendrait habiter la caserne, mais que les
Vendéens conserveraient le poste de l'hôtel de ville et celui
de la préfecture. Vous n'imaginerez pas, mes enfants, ce
qu'il fallut de soins, de prudence, de fermeté, pour prévenir
des collisions constamment imminentes entre la troupe et les
Vendéens. Ceux-ci étaient alimentés à l'aide de réquisitions ;
je fis participer la troupe aux distributions de viande qu'il
fallait opérer chaque jour. Peu à peu les Vendéens se las-
sèrent du service et les chefs avaient bien de la peine à garnir
les postes dont ils avaient la garde.

L'armée fut alors licenciée, et il était indispensable d'avoir,
au service de l'administration, pour la police, la sûreté des
caisses et des prisons, une force quelconque. J'obtins la
remise de cent cinquante fusils et la réorganisation de la
garde nationale, encore au grand mécontentement des Vendéens.

Le préfet, pressé par le parti triomphant, s'occupa d'épurer
les percepteurs. Il y avait réellement nécessité de le faire. Je
sus qu'on avait fait donner la perception de Mouchamps à un
agent de M. de Bagneux qui, à mes yeux, ne convenait pas à
cette place ; je la demandai et l'obtins pour Desgrois, qui l'a
conservée pendant vingt ans.

Louis XVIII, après avoir dispersé les députés des Cent-
Jours, convoqua les collèges électoraux. Celui de l'arrondissement de Bourbon, convoqué à la préfecture, sous la présidence de M. le comte de Juigné, héritier de l'ancien seigneur
de Montaigu, avait à nommer trois candidats. Les collèges
électoraux des Sables et de Fontenay en nommaient chacun
autant, et c'est parmi ces neuf candidats que le collège de
département devait nommer trois députés. Les candidats de
Bourbon furent MM. du Fougerais, de Juigné et moi ; aux
Sables, MM. Dupont, Auvynet et...   ; à Fontenay,
MM. Laval et...   . Le grand collège nomma MM. Du-
fougerais, Laval et Auvynet. Mais le collège de Bourbon
avait nommé une députation, pour porter au roi l'hommage
de son dévouement. M. le comte de Juigné en était le président ; j'en faisais partie avec MM. de Carcouet, Eugène du
Landreau et Guérin, juge. Rendus à Paris, il fut question

d'une adresse. MM. de Carcouet, du Landreau et Guérin voulaient qu'on demandât au Roi la restitution des biens d'émigrés. M. de Juigné et moi, nous nous y opposâmes, et comme nous refusions de nous présenter à l'audience du Roi avec une telle adresse, ces Messieurs adoptèrent, de guerre lasse, une adresse assez pâle, rédigée par M. de Juigné, à laquelle Louis XVIII fit assez bon accueil.

Pendant mon séjour à Paris, M. de Vaublanc, ministre de l'intérieur, m'apprit que M. de Malleville, malade d'un anévrisme, et las apparemment des ennuis que les Vendéens lui suscitaient sans cesse, avait demandé un congé et qu'il avait envoyé, pour le remplacer, M. le marquis de Roussy.

A l'audience pendant laquelle le ministre venait de m'apprendre le changement survenu dans la préfecture de la Vendée, je lui remis une demande tendant à ce que la nomination du corps municipal de Bourbon-Vendée fut à la nomination du Roi, quoique la population de la ville fut loin alors de s'élever aux cinq mille âmes qu'il fallait pour autoriser cette mesure. Elle fut pourtant accordée, par ordonnance du 18 octobre 1815. Cette faveur, qui me fortifiait beaucoup, étonna le marquis de Roussy, qui sentit dès lors qu'il aurait à compter avec moi. Aussi, dans les premiers temps, il fut charmant. Mais bientôt, le gouvernement, poussé par les exagérations de la chambre dite *introuvable*, et inquiet des résistances que lui opposaient une masse d'officiers réformés, de fonctionnaires révoqués, prescrivit des mesures sévères, que le préfet faisait exécuter avec une extrême rigueur. Dès la fin de décembre, il prescrivit la destruction des drapeaux, gravures et insignes de l'empire. Force me fut de faire brûler publiquement, sur les marches de l'hôtel de ville, les insignes proscrits. La garde nationale y assista et tout se passa très paisiblement. Des misérables ont prétendu, en 1830, que j'avais fait pratiquer des visites domiciliaires, pour y rechercher les portraits, gravures, etc. Cela était autorisé, mais rien de semblable n'a eu lieu, je l'affirme. Il existait à la mairie un très beau buste en marbre de l'empereur ; le préfet en exigea la remise et le fit briser, ainsi que le buste de même matière saisi à Fontenay, dans la cour de la préfecture. Il existe à la mairie de Napoléon un récépissé de ce buste, daté du 8 janvier 1816. J'avais fait cacher ce buste, du prix de 2.400 francs, et je suppliai le préfet de le laisser intact.

« Vous ne pouvez, lui disais-je, effacer l'histoire, détruire les monnaies ! — Quoi, répondait-il, vous voulez conserver ce buste, que l'on a porté en triomphe pendant les Cent-Jours ! » Il fallait bien se soumettre ou se retirer. Mais se retirer alors eût été selon moi une lâcheté, car j'en imposais assez pour empêcher bien du mal.

Le 22 mars 1816, le marquis de Roussy, à qui j'avais énergiquement refusé un rapport sur plusieurs personnes qu'il voulait éloigner de la ville, m'écrivit pour que j'eusse à enjoindre à MM. Esgonnière du Thibœuf, ancien vice-président du tribunal, révoqué et remplacé par Guérin, Gillaizeau, procureur du roi aussi révoqué, Fayau, ex-juge, Millet et Touzeau, de se retirer dans certains lieux indiqués. Ces Messieurs étaient tous mes amis, surtout les deux premiers. J'éprouvais une grande peine à leur faire cette communication, mais ils comprirent ma position et obéirent, à l'exception de M. Touzeau, qui réclama une exception motivée sur son état de santé. J'appuyai très chaudement sa demande et il fut autorisé à rester dans sa maison à Bourbon.

Après l'expulsion de ces Messieurs, le préfet me dit un jour qu'une conspiration se tramait à Bourbon-Vendée. Trente mille hommes devaient, le 25 mai, attaquer Nantes, La Rochelle, Bourbon, Montaigu, Les Sables, Fontenay, etc. Suivant lui, on avait déterré des caisses d'armes et de munitions de guerre chez M. Delépine ; des rassemblements nocturnes avaient lieu chez MM. Birotheau, les plus paisibles gens de la contrée. Il n'y avait pas jusqu'à l'abbé Mazière, depuis curé de Bourbon-Vendée, qui ne fût mêlé aux manœuvres des prétendus conspirateurs. Je me récriai contre cette absurde révélation, que j'imputai sans ménagement à des nommés Latour et Biron, que tout le monde regardait comme espions. « Voilà comme vous êtes, M. le Maire ! Refuserez-vous de croire à la conspiration de Grenoble ?... Elle est prouvée, maintenant, et il y a huit jours, vous en doutiez. — Eh bien, M. le préfet, je doute encore de celle que vous m'apprenez. Cependant, je vous promets de veiller, et nous nous reverrons. »

Dès le soir et pendant près de trois nuits, je m'affublai d'un déguisement et je passai, avec le commissaire de police, Constantin, ancien capitaine d'infanterie décoré, le temps à surveiller les maisons indiquées. Comme je m'y attendais, tout y dormait en repos. Mais mon rapport ne put amener le préfet à reconnaître qu'on l'avait trompé, et il avait adressé un long rapport à M. de Caze, alors ministre de la police générale. Voici ce dont il s'agissait : M. de... et M. de... avaient gagné un nommé Blanchard, ancien militaire, et ils l'avaient lancé à M. Voyneau Duplessis, vieux et honnête gentilhomme du Petit Bourg, pour lui raconter la prétendue conspiration. Celui-ci, dupe de sa crédulité et du piège dans lequel on l'enlaçait, vint rapporter au préfet les révélations de Blanchard. M. de Caze fut donc informé des faits et on ajoutait que cette conspiration avait des ramifications à Moulins. Or, le préfet de Moulins, M. de la Vieuville, était le beau-père de M. de Bagneux. M. de Caze prit le parti d'envoyer Blanchard à Moulins et il lui donna une mouche, à l'aide de laquelle il sut promptement que cette conspiration n'était qu'une indigne mystification. Le préfet avait-il voulu se créer un prétexte de persécuter les habitants ? Avait-il été dupe de plus habiles ? Je ne l'ai jamais su au juste. C'était un homme de peu de portée ; mais, certes, il y avait sous jeu de mauvais desseins. Le ministre fit insérer au Moniteur un article qui dévoilait l'intrigue et couvrit le préfet de confusion.

On ne se tint pourtant pas pour battus. Le baron de Maynard s'était maintenu en armes dans le marais nord-ouest ; des cocardes vertes y furent arborées et on annonça publiquement qu'on irait à Bourbon pour punir les traîtres. Le cœur manqua pour l'exécution, parce que quelques chefs s'y opposèrent. M. Desabbayes, qui commandait entre Les Sables et Bourbon, menaça même de lever sa division pour défendre la ville ; résolution magnifique de sa part, qui me détermina à lui faire faire hommage, par le corps municipal, d'une épée d'honneur que je lui remis solennellement à l'hôtel de ville. Cette faveur, qui a été plus tard et dans une occasion bien douloureuse d'une grande utilité à son fils, excita contre lui le plus vif mécontentement de tous les fous de son parti.

Sous prétexte de cette prétendue conspiration, le préfet prescrivit la recherche et la saisie des armes de guerre dans toute la Vendée. Il assembla deux cents gendarmes à Bourbon, et il a soutenu depuis que, sans ces mesures, la conspiration eut éclaté. Le fait est que le 25 mai et les jours suivants s'étaient passés sans autre agitation que celle produite par les ordres impolitiques de l'autorité.

A cette occasion, le préfet m'imposa la plus pénible opération; il prescrivit des visites domiciliaires, pour désarmer une foule de çitoyens paisibles qui avaient rendu leurs armes lors de l'entrée des Vendéens à Bourbon. J'avais la plus grande envie de refuser mon concours à cette persécution ; j'en causai avec le général Caillé, qui commandait le département, avec le colonel d'Ecquevilly, chef de la légion de Seine-et-Marne, et avec plusieurs de mes amis. Tous furent d'avis que le plus sage serait d'obéir.... ils craignaient de voir passer le pouvoir municipal en d'autres mains. Je fis mon sacrifice, mais comme je ne pouvais être partout à la fois, je déléguai cette jolie commission à plusieurs membres du corps municipal et je me tins à la mairie pour recevoir les armes qu'on saisirait, les réclamations qui pourraient être faites, et dresser procès-verbal du tout.

Les visites eurent lieu; ceux qui les opérèrent, à leur grand déplaisir, ne trouvèrent presque rien. Un prote, dont je n'ai pas retenu le nom, vint avec un mauvais fusil qu'il brisa devant moi. Il fit l'impertinent et je fus obligé de le faire momentanément arrêter. L'odieux de tout cela retomba heureusement sur le préfet.

L'indignation devint si grave, que je crus devoir enfin informer l'autorité de ce qui se passait. Le 1er juin 1816, j'adressai un rapport détaillé des faits que je viens d'analyser à M. lé baron de Fougerais, député, en le laissant libre d'en faire l'usage qu'il voudrait, déclarant que je m'en rapportais à sa prudence et que j'approuvais d'avance tout ce qu'il jugerait convenable de faire.

M. du Fougerais aurait dû, sans me compromettre, monter à la tribune et signaler à toute la France les faits constants portés à sa connaissance. Mais il n'osa braver les cris, les trépignements qui l'eussent inévitablement assailli dans cette Chambre introuvable. Il mit M. de Barante dans sa confidence ; mon rapport, mis sous les yeux du conseil des ministres, y produisit une grande sensation. Comme je l'avais demandé, on envoya, pour vérifier les faits, un commissaire général de police, M. Blondeau, beau-frère de M. de Saint-Pardoux.

M. Blondeau, à son passage à Nantes, apprit, sur-le-champ, que le rapport n'avait rien exagéré ; il assembla, à la préfecture de Bourbon, Messieurs de Lézardière, Chantreau, de Béjarry, de La Roche Saint-André, et beaucoup d'autres nobles qui l'étonnèrent par leurs inimaginables prétentions. En sortant de ce conciliabule, il vint dîner chez moi. J'y avais réuni MM. Desabbayes, Armand Auvynet, président du tribunal, Duplessis, procureur du roi, et Duvivier, ingénieur en chef. M. Blondeau nous rapporta que ces messieurs avaient la prétention que la Vendée fut dispensée de l'obéissance aux lois générales de l'état. « Ce n'est pas, disaient-ils, une population comme dans le reste de la France. Les habitants des campagnes se font un cas de conscience de respecter tous les droits, même ceux que les révolutionnaires ont supprimés. Ils doivent, à raison des services qu'ils ont rendus, être pour longtemps exempts du service militaire, etc. » Enfin, il y avait eu, dans cette conférence, tant de déraison, que M. Blondeau n'en revenait pas ; souvent même, il en riait. Mais il nous rassura, en nous promettant que justice serait promptement faite du préfet.

Cependant, quinze jours se passèrent et rien n'était encore survenu. A cette époque, la session législative fut close et M. de Coislin, général vendéen des environs de Savenay et député, fut nommé au commandement de la Vendée, en remplacement du général Caillé. Le préfet m'ayant un jour invité à dîner, j'eus occasion, dans un tour de jardin, de dire au général, le préfet présent : « Eh bien, général, comment vont les choses à Paris ? — Bah ! dit-il, que peut-on faire ? Cette vieille bête de Louis XVIII, avec sa Charte, entrave tout. Il faudra finir par le f... à Vincennes. » Je me tus ; mais je me dis à moi-même : « Voilà un général avec lequel j'aurai bientôt à lutter. » Je profitai ensuite de la permission que m'avait donnée M. Blondeau, pour lui écrire que les amis du roi s'inquiétaient du silence gardé par le gouvernement et de l'audace croissante des chefs donnés au département. Il y avait en effet toujours un projet d'exciter la population à quelque mouvement, pour avoir une raison de l'écraser. A la fête du roi, le 25 août 1816, j'avais fait dresser sur la place un feu de joie qui devait être allumé de quatre côtés : par le préfet, le général, le président du tribunal et par moi. Au moment où l'on présentait les torches, une pluie de sable, de graviers, vint tomber au milieu du cortège ; le chapeau de M. de Coislin en fut atteint. De là une explosion de cris, de menaces. On imputait cette action à la garde nationale, qui était

sous les armes. On cria dix fois, avec une espèce de fureur :
« Vive le Roi ! Vive le Roi !... f... » Le feu avait été allumé et on
se rendit à la préfecture où j'eus à entendre des imprécations
qui me bouleversaient. Jamais fête ne m'a paru plus longue
et plus périlleuse.

Nous avons pensé alors que les projectiles avaient été
lancés par un des agents du parti. Les habitants n'y étaient
certainement pour rien ; ils étaient mécontents, cela est vrai ;
mais ils comprenaient très bien qu'ils devaient éviter tout ce
qui pouvait exciter l'irritation de leurs adversaires.

Peu de jours après, ordre fut donné au préfet de partir
sans retard pour Paris, et il fut remplacé par M. le comte de
Kerespertz, vieux et digne gentilhomme breton.

On ne manqua pas de m'imputer la disgrâce du préfet.
Cette fois on avait raison, car j'y avais résolument contribué.
M. de Bagneux, alors sous-préfet, le général de Coislin et
leurs adhérents se flattaient d'en avoir le dessus. Je faisais
bonne contenance ; j'étais énergiquement soutenu par la
population et les amis que j'avais fait dîner avec M. Blondeau. Heureusement, l'ordonnance du 5 septembre vint nous
rassurer et nous fortifier. Cette ordonnance dissolvait la
Chambre introuvable et ordonnait la convocation des collèges
électoraux. On adjoignit aux électeurs des chevaliers de la
légion d'honneur, quelques fonctionnaires ; le nombre des
députés fut augmenté et l'âge des élus fut réduit de 40 ans à 30.

Le parti exalté fut encore vexé de voir remplacer le général
de Coislin par le comte de Vitré, qui, tout en ménageant beaucoup les chefs vendéens, fut très poli pour moi.

Peu de jours avant l'ordonnance du 5 septembre, presque
au moment où le marquis de Roussy, préfet, fut révoqué,
j'eus à subir une scène à laquelle je n'aurais pas dû m'attendre.
M. Chastain, principal du collège, était un de mes adjoints,
mais il n'avait pas tardé à se séparer de moi. Prêtre marié,
il avait à se faire pardonner cette position et il avait probablement pensé que le parti vendéen l'emporterait.

C'est chez lui que les plus furieux se réunissaient ; il y
donnait des bals. Les enfants étaient politiquement divisés
en deux camps, et des querelles presque sanglantes éclataient
fréquemment. L'époque des vacances étant survenue, le
principal profita de mon absence pour distribuer les prix, et,
dans une diatribe indigne contre moi, il fit son éloge.

Un exprès vint me prévenir à La Machegaisière, où nous étions allés passer quelques jours, de l'attaque inouïe dont j'avais été l'objet : on ne m'avait pas nommé, mais personne ne s'y était mépris.

J'étais fort mécontent de la conduite du principal, du peu de succès du collège, où il n'y avait que cinq pensionnaires, outre les cinquante entretenus par le gouvernement. Déjà j'avais demandé que la direction fut remise aux mains d'un docte et pieux ecclésiastique ; mais, après l'outrage dont j'avais à me plaindre, il me fallait obtenir justice. Sur ma réclamation, M. Royer Collard, grand maître de l'Université, envoya un inspecteur général, et en ma présence, il articula les faits et griefs précédemment dénoncés. M. Chastain fut obligé de convenir de ses torts et de sa qualité de prêtre marié. Il fut remplacé par M. Graize, homme très estimable, sous lequel vous avez, mes chers enfants, fait vos premières études.

Le 6 novembre 1816, le duc d'Angoulême vint à Bourbon-Vendée. J'allai le recevoir au Point-du-Jour, où le corps municipal et les autorités m'avaient accompagné. J'adressai au prince une courte allocution, à laquelle il répondit gracieusement. Dans toutes ses réponses il recommandait l'oubli du passé et l'union de tous. Le *Moniteur*, qui rendit compte de ce voyage, cite spécialement les paroles que le prince adressa à la foule d'officiers vendéens réunis à la préfecture : « J'aurai toujours du plaisir à me trouver parmi vous. Vous avez tous plus ou moins d'influence dans vos communes. Le Roi désire, ainsi que moi, que vous vous en serviez pour mettre la paix et l'union parmi les habitants. Le Roi veut l'oubli du passé. Il est temps que toutes les dénominations de partis disparaissent. Je suis bien aise de vous dire qu'on s'est servi du nom des princes pour faire croire à des divisions qui n'existent pas. Tous les princes de la famille royale n'ont d'autre opinion et d'autre volonté que celle du Roi ; ils ne font qu'un avec lui ; le roi entend que tous les Français soient soumis à la Charte comme à sa personne. »

Cette allocution, prononcée avec une chaleureuse conviction, fit une vive et salutaire impression sur l'auditoire. Les Vendéens plus royalistes que le Roi en furent très mécontents, et ils se vengèrent de l'espèce de mercuriale qu'ils avaient subie, par un jeu de mots offensant et déplacé : « *Le duc d'Angoulême,* dirent-ils, *est un marchand d'oublis,* voyageant pour la maison de Caze et Compagnie. » Mais la vérité est qu'ils en furent très mystifiés et qu'à partir de ce jour ils furent, pendant quelque temps du moins, beaucoup plus circonspects et plus calmes.

Le soir, le prince reçut à sa table grand nombre de fonctionnaires. Pendant la plus grande partie du dîner, je fus l'objet de ses prédilections. Le pauvre préfet, qui se trouvait entre nous deux, avait sans cesse la peine de se pencher en arrière pour faciliter notre conversation. Après le dîner, j'accompagnai le prince au bal que la ville lui donnait, dans la grande salle de la mairie ; il fit le tour du cercle, adressant des paroles obligeantes aux dames que je lui nommais. Ayant remarqué que Monseigneur fixait un tableau exposé près de l'estrade qui lui avait été soigneusement préparée, je lui dis : « Ce sont les ordonnances rendues en faveur de la ville ; le pendant est la Charte Constitutionnelle. — Bien, Monsieur le maire, je vous félicite de cette heureuse idée. »

Le lendemain, après une messe célébrée à la préfecture, le prince passa en revue la garnison et partit, laissant aux honnêtes gens une satisfaction réelle.

Actuellement, mes chers enfants, qu'un peu de repos a succédé à des temps bien difficiles, un coup d'œil rétrospectif.

A mon arrivée à la mairie, je succédais à M. Delépinerays, qui avait cumulé, avec les fonctions municipales, celles de conseiller de préfecture. Sa conduite, pendant les Cent Jours, avait été prudente ; mais comme administrateur, c'était un pauvre homme. La ville devait à tous les ouvriers, qui refusaient leurs fournitures et leurs services. On avait affermé des terrains vacants, destinés à l'édification des maisons, et moyennant cinquante francs, à Pertuzé, l'un des employés de la mairie, des terrains que j'affermai plus tard neuf cents francs. Les halles étaient régies par un gagé de ville. Le revenu, qu'on accusait être de trois cents francs, formait, disait-on, une masse noire qui ne figurait pas au budget et qui fournissait à certaines dépenses occultes. Je fis sur-le-champ cesser cette abusive gestion. Les halles, mises en ferme pour une année, produisirent quinze cent vingt francs ; l'année d'après, le bail monta à deux mille quatre cents francs.

L'année 1816 fut calamiteuse pour la cherté des grains.

J'obtins à deux fois plus de soixante mille francs, employés à des ateliers de charité pour les places qui entourent la préfecture, l'arrangement du jardin de l'Hôtel de Ville, et la création, aux halles, d'une salle de spectacle qui a servi pendant plus de vingt-cinq ans aux représentations. Voici comment je parvins à me procurer ces immenses ressources.

Nous avions obtenu trois cent mille francs pour les fournitures faites aux Vendéens pendant les Cent Jours. J'étais membre de la commission qui fut chargée de liquider ces fournitures. J'avais pour collègues plusieurs vendéens qui se montraient des plus parcimonieux quand il s'agissait d'acquéreurs de biens nationaux, sur lesquels les réquisitions avaient particulièrement pesé. Il en résulta, sur les trois cent mille francs, une économie considérable. La majeure partie fut attribuée à la ville et je fus chargé d'en faire l'emploi. Le conseil municipal accorda aussi des subventions, notamment pour solder les fournitures d'instruments et de matériaux, toiles et peintures du théâtre. Les travaux étaient dirigés par des conducteurs qui dressaient des feuilles où les journées étaient marquées au profit de chaque ouvrier. Je signais l'acquit des mandats délivrés par le préfet, mais je n'en ai jamais touché un centime. L'argent était versé à un honnête homme, M. Pertuzé, employé de la mairie ; il payait les ouvriers le dimanche, sur les feuilles certifiées par les conducteurs ; aussi tout a-t-il été régularisé sans donner lieu à la moindre plainte.

Une seule foire, fixée au huit juin de chaque année, existait réellement à Bourbon. Sept autres étaient mentionnées sur l'almanach ; mais on n'y amenait pas une seule paire de bœufs. J'entrepris de fonder des foires sérieuses. Les habitants prétendaient que je ne réussirais pas ; mais je ne m'arrêtai pas à cette objection. Il me fut facile d'obtenir d'abord six foires. Pour les faire prendre, j'écrivis plus de deux cents lettres aux marchands de bœufs, aux principaux propriétaires, aux curés. Je m'efforçai de faire comprendre à tous que l'intérêt de tout le pays était que ce grand marché fut favorisé, adopté. Je fis, chez les aubergistes, les propriétaires et chez les marchands, une quête qui me produisit douze cents francs. Le conseil municipal y ajouta six cents francs. Cela me procura, pour chaque foire, trois cents francs, que je distribuai en primes aux plus beaux bestiaux amenés. Je me rendais au champ de

foire, en habit de maire, tambour en tête et un détachement
de la garde nationale pour escorte. Les primes étaient données
en grand appareil, sur l'avis d'un jury choisi parmi des hommes
expérimentés, et les bestiaux primés, couverts de bouquets et
rubans, étaient promenés en ville au son du tambour.

L'année suivante j'obtins six nouvelles foires ; je les fis
prendre par les mêmes moyens et depuis ce temps, Bourbon
a vu chaque année ces grands marchés s'accroître en importance. Nous avions fait supprimer une partie des petites
foires des environs ; celles qui ont été respectées sont, pour
la plupart, tombées d'elles-mêmes.

J'avais trouvé les finances de la ville dans un état déplorable ; les ouvriers, je l'ai dit, refusaient fournitures et
travaux à la mairie. L'Hôtel de Ville n'était pas achevé ; le
jardin était couvert de pierrailles et des débris de la construc-
tion ; l'hôtel de la préfecture était entouré de terrains inégaux,
fouillés dans certains endroits à une profondeur de cinq à
six mètres, pour des enlèvements de sable. Il en était de
même de la place dite des Exécutions, derrière l'école pri-
maire et l'hôtel des Etrangers.

La sagesse, la fermeté, l'intelligence de mon administration, je puis le dire, ramenèrent la confiance et l'ordre dans
nos ressources. Les terrains entourant la préfecture devinrent
de belles promenades, garnies encore des arbres que j'y fis
planter ; les énormes excavations de la place des Exécutions
furent comblées. L'Hôtel de Ville, achevé, reçut, dans le salon
de réception, une belle tenture et les modestes décorations
qu'il était possible d'y ajouter. Le jardin, déblayé, fut planté
soigneusement ; les déblais, amoncelés avec goût, formèrent
une petite montagne, une pièce d'eau fut creusée et tout cela
ne coûta presque rien à la ville. J'étais parfaitement secondé,
il est vrai, par le préfet, qui s'étudiait à favoriser toutes mes
entreprises, et par le bon vouloir des habitants qui, sur tous
les tons, chantaient mes éloges. C'est ainsi que les arbres et
arbustes du jardin de l'Hôtel de Ville me furent à peu près
tous fournis par la générosité de quelques amateurs.

La misère avait été, pendant l'hiver de 1816 à 1817, horrible
pour certains départements. A Bourbon Vendée, grâce à mes
ateliers de charité, où je recevais jusqu'à de malheureuses
créatures mal famées, personne n'eut à souffrir et d'immenses
travaux furent exécutés. La réaction vendéenne, vaincue par

l'ordonnance du 5 septembre 1816, nous laissait en repos. Le préfet, M. de Kerespertz, me disait franchement : « Je suis le serviteur de la Charte, je n'en suis pas l'ami ! Mais si les Vendéens, que j'aime, osaient remuer malgré mes avis, vous me verriez à cheval contre eux. » Je crois qu'il l'aurait fait. Je n'ai pas connu d'homme meilleur et plus charitable. Un jour que je faisais une quête avec sa femme, pour nos pauvres, il voulut s'inscrire pour douze cents francs. Je savais qu'il n'était pas riche et je résistai à cet excès de générosité ; je n'obtins qu'avec peine qu'il substituât aux douze cents francs une souscription de soixante francs par mois ; la mienne fut de cent vingt francs pour l'année et la souscription générale s'éleva à trois mille six cents francs.

La réception gracieuse que m'avait faite le duc d'Angoulême, lors de son dernier passage à Bourbon, avait excité contre moi une certaine jalousie à Messieurs,... qui jusqu'alors avaient été d'excellents amis. Le bien que j'avais fait ensuite, la faveur populaire dont je jouissais et le concours que me prêtait le préfet, devinrent de nouveaux motifs d'envie ; ils se firent mes adversaires... Cette place de maire, exercée avec le soin que j'y apportais, me prenait beaucoup de temps. J'avais de fréquentes occasions de réunir les autorités, les officiers de la garde nationale, et mes intérêts en souffraient.

Ces diverses raisons, alors que tout était au calme, me déterminèrent, au mois de mai 1817, à donner ma démission. Dans la lettre que j'adressai à ce sujet au préfet, je le suppliais instamment de me faire immédiatement remplacer, offrant de continuer mes soins à l'administration jusqu'à l'installation de mon successeur.

Le préfet ne voulut pas accepter ma démission. Il m'écrivit à ce sujet la lettre la plus flatteuse. Sur mon insistance, il envoya ma démission au ministre de l'intérieur, qui le chargea de me faire de bienveillantes représentations et de m'engager à rester à mon poste. Cela me détermina à écrire directement au ministre, pour lui expliquer les motifs de ma résolution. Tout en protestant de mon profond respect et de mon dévouement pour le Roi, j'ajoutais : « Je crois lui en avoir donné d'irrécusables preuves, en luttant contre toutes les exagérations. Je ne l'ai pas fait impunément contre une classe puissante dans cette contrée ; j'ai vu se tourner contre moi des *personnes marquantes*, qui m'avaient constamment honoré de leur bienveillance et même de leur amitié...

Ma consolation est d'avoir fait mon devoir en servant fidèlement le Roi et les intérêts de la ville dont il avait daigné me confier le gouvernement. La masse des habitants me rend justice et me sait quelque gré du bien que j'ai pu faire... Les dissidents ne pourront me refuser leur estime. »

Je crois que cette lettre, datée du 10 mai, a précédé celle que le préfet adressa au ministre et la réponse de celui-ci, plus haut mentionnée ; et c'est vraisemblablement sur mon refus d'y adhérer, et sur les nouvelles insistances du préfet, du conseil municipal et de mes adjoints, que me parvint directement du ministère une lettre du 13 juin 1817, dont je vais consigner ici les termes flatteurs et honorables.

« Monsieur le maire, vous m'avez informé, le 10 mai, de la résolution que vous aviez prise de quitter vos fonctions municipales. M. le Préfet de votre département, que j'avais chargé de vous inviter à les conserver, vient de m'écrire qu'il n'avait pu vous y décider. Il m'en a témoigné ses regrets et m'a répété, à cette occasion, tout ce que je savais d'avantageux sur votre personne et votre administration. La délibération honorable que le conseil municipal a prise à ce sujet, le 2 juin, est encore pour vous un témoignage bien flatteur, et des suffrages aussi unanimes achèvent de me convaincre que personne plus que vous, monsieur, n'est en état de bien administrer la ville de Bourbon. Je regarderais comme un malheur pour elle de ne plus vous avoir pour maire. Vous avez supporté les plus grandes difficultés que pût présenter votre carrière municipale. En vous conduisant avec une sage modération, vous avez mérité la confiance du plus grand grand nombre de vos administrés et l'estime de vos adversaires eux-mêmes. La tâche qui vous reste est plus facile ; vous n'avez plus maintenant qu'à recueillir les fruits de votre bonne conduite antérieure. C'est au nom de votre dévouement aux intérêts de la commune, du bien que vous pouvez y faire, de votre attachement pour le Roi, dont vous êtes propre à faire chérir le gouvernement, que je vous invite à conserver des fonctions où vous êtes si utile... J'espère que vous ne résisterez pas à ce vœu de vos concitoyens, de vos chefs, et, en y joignant le plus auguste nom, au désir de *Sa Majesté*, qui vous verrait avec peine renoncer à l'administration d'une ville digne de son intérêt. J'ai l'honneur, Monsieur, de vous offrir l'assurance de ma considération distinguée. Signé *Lainé*, ministre de l'Intérieur. »

Tout le monde, à l'exception de mes envieux, fut d'avis que je ne pouvais refuser de continuer mes fonctions. Je m'y résignai et, après en avoir informé le conseil municipal à la séance du 3 août 1817, le conseil manifesta sa satisfaction dans les termes suivants :

« Le conseil qui avait vu avec peine M. le maire prendre le parti d'abandonner les rênes d'une administration où il avait donné tant de preuves de sagesse, de prudence et de capacité, se fait un devoir d'applaudir à sa nouvelle détermination et vote des remerciements à son excellence, le ministre de l'intérieur, pour avoir, par ses instances, amené cette détermination. »

Les envieux se turent et dissimulèrent leur dépit. J'avais acquis une position telle qu'ils ne pouvaient songer alors à me nuire. Je profitai du calme d'alors pour fonder, de concert avec M. de La Lande, inspecteur de l'enregistrement, une société d'agriculture, sciences et arts qui fut favorisée par le préfet et dotée par le département. Le ministre de l'intérieur nous fit adresser toutes les publications que son département subventionnait. Je fis abandonner, par le Conseil municipal, à la Société un vaste terrain, au bas de la préfecture, où nous fîmes établir une pépinière. Une partie du terrain de l'hôtel de ville fut convertie en jardin botanique ; nous fûmes enfin secondés par une foule de propriétaires, dans les essais et les améliorations que nous recommandions. Nous nous procurâmes enfin une certaine collection de médailles, et nous faisions un peu de bien, celui que de semblables associations peuvent faire.

Mais les envieux nous tournaient en ridicule, et ils firent tant, qu'à une de ses sessions, le conseil général supprima l'allocation dont il nous avait jusqu'alors gratifié. J'étais alors le président de la Société.

Je fis, le 4 avril 1820, un rapport détaillé de nos opérations ; il fut imprimé, distribué et la société demeura en sommeil. Les archives et une légère somme en réserve m'étaient restées. Les médailles, les minéraux furent confiés au docteur Bouchet. Plus tard, tous ces objets furent remis à un Athénée, formé sous la présidence de M. de Jussieu, préfet. On me fit l'honneur de me voter des remerciements, pour le soin que j'avais pris à la conservation des objets et de l'argent que je leur fis remettre, et de me nommer membre correspondant. Ce titre ne m'a pas beaucoup occupé, et l'Athénée est mort comme la société qui l'avait précédé.

Je fis la faute, vers la fin de 1818, de me laisser engager dans la loge maçonnique que M. de La Lande, le docteur Bouchet et quelques autres avaient fondée. J'en fus d'abord le frère aumônier et plus tard le vénérable. Cela m'a coûté pas mal d'argent et a fourni à mes envieux le moyen de me calomnier. Cette société eut un grand succès, et, par cela même, on en redoutait l'influence. J'affirme que devant moi et sous ma présidence, toutes discussions relatives à la religion ou à la politique ont été sévèrement interdites. Mais je ne suis pas sûr que le carbonarisme n'ait pas été pratiqué par les plus avancés. Cette loge fut fermée en 1822, il me semble. Si l'autorité avait su le plaisir qu'elle me fit alors, elle aurait peut-être suspendu la mesure. Il est certain que nous étions à la veille de nous dissoudre.

Pour en finir d'un coup sur cet objet, j'ai, mes chers enfants, un peu anticipé sur les temps, je reviens aux évènements de 1818.

Au mois de mai 1818, M. Gerlache, garde-magasin et chef de la manutention, vint m'informer que le maréchal Gouvion Saint-Cyr, ministre de la guerre, venait de supprimer l'établissement militaire de Bourbon Vendée. Cette nouvelle, promptement répandue en ville, y jeta la plus vive consternation. Je sentis moi-même que la ville était perdue et que la sécurité du pays était remise en question, si cette fatale détermination était maintenue. J'assemblai immédiatement le Conseil municipal, qui décida qu'une adresse au Roi serait présentée par une députation, dans le but d'obtenir le rapport de l'arrêté du ministre de la guerre. La séance, suspendue pendant quelques heures, fut reprise le soir. On y adopta, avec de grands éloges, l'adresse que j'avais rédigée et dont je n'ai pu retrouver la copie ni le brouillon, et on me chargea, avec M. Drouyn de l'Huis, receveur général, qui fut nommé au scrutin, de la porter sans retard à Paris et de suivre l'adoption des réclamations bien légitimes de la ville.

M. Duplessis, procureur du roi, aurait voulu être de la députation. Il avait auprès du gouvernement une influence méritée, mais il était infirme, presque toujours malade et on sentit qu'il ne me serait d'aucune utilité dans les démarches actives qu'il fallait faire. Mais il m'en voulut beaucoup de son échec, et à compter de ce jour, il se fit mon ennemi déclaré. C'était un honnête homme, mais animé de passions. Cela tourna l'opinion contre lui et contribua à le contenir ; car s'il eut pû me nuire à un haut point, il l'eut fait, j'en suis convaincu, sans égard pour mes bons procédés antérieurs, et quoique je n'aie assurément eu de ma vie aucun tort envers lui, que Dieu lui fasse repos !

La nomination de M. Drouyn de l'Huis, père du ministre actuel des affaires étrangères, ne me satisfaisait pas beaucoup, et voici pourquoi. Les salons de ce receveur général étaient le rendez-vous des Vendéens les plus exaltés. La société bourgeoise se réunissait quelquefois à la maison, le plus souvent chez madame de Lépinerays, femme du conseiller de préfecture. Il y avait, entre ces deux sociétés, scission complète. Quelque temps auparavant l'évènement dont je m'occupe, M. Drouyn avait même été mandé à Paris, avec le baron Benjamin de Maynard, qui, comme je l'ai déjà mentionné, se maintenait en armes dans le marais nord-ouest. Cependant je dus subir le choix du conseil municipal, et il fut convenu que nous partirions le lendemain matin, dans sa calèche et en poste. J'avais fait observer au conseil que ce second voyage à Paris, qui allait m'éloigner de mon cabinet, ajouterait aux dépenses déjà considérables que m'avait occasionnées la mairie. Il avait été dit que la ville supporterait la moitié des frais. Les citoyens, tumultueusement assemblés, offraient spontanément tous les sacrifices que l'on exigerait.

Nous partîmes donc, le lendemain de la séance du conseil municipal.

Pendant le voyage, il m'entretint de diverses particularités de sa vie.

Pendant l'occupation des armées étrangères, M. Drouyn était allé chercher les fonds dont les receveurs généraux étaient dépositaires. Il voyageait avec une maringote et une patente de marchand quincailler. Le soir, vêtu d'une blouse, il se présentait chez les comptables, exigeait la remise des fonds, en vertu des ordres du ministre des finances, Louis, et il avait trois pour cent sur toutes les sommes ainsi recouvrées. Les receveurs généraux voulaient bien résister ; mais

il leur faisait entrevoir une révocation inévitable s'ils n'obéis-
saient pas. C'est le même ministre qui l'avait nommé receveur
général de la Vendée; mais à l'époque de notre arrivée à Paris,
les finances étaient aux mains d'un génois nommé Corvetto.

Dès le soir de notre arrivée, nous fûmes reçus chez M. de
Cazes, ministre de la police générale, dans un hôtel somp-
tueusement meublé, situé quai Malaquais. Nous trouvâmes
là M. de Saint-Cricq, directeur général des douanes, avec
lequel M. Drouyn était au mieux en ce que M. de Saint-
Cricq lui avait donné l'autorisation d'escompter, à de très
favorables conditions, les obligations à terme que les négociants de Nantes consentaient en acquittement des droits
souvent très considérables qu'ils ne pouvaient ou ne voulaient avancer.

M. de Saint Cricq nous présenta au ministre, qui nous fit
très bon accueil. Je lui expliquai l'objet de notre voyage, en
lui exposant avec confiance et de mon mieux que la décision
du ministre de la guerre était la mesure la plus impolitique
qu'il fut possible de prendre. « La fondation d'une ville au
centre du Bocage de la Vendée, lui dis-je, fut la réalisation
des vues élevées d'un grand homme. Il a voulu créer là un
point de surveillance et de civilisation dont chaque jour fait
encore sentir la nécessité, etc. »

M. de Cazes, qui connaissait l'esprit turbulent qui faisait
encore de temps à autre explosion dans le pays, comprit
parfaitement que la mesure prise par le maréchal Gouvion
Saint-Cyr, dont il n'avait pas eu jusqu'alors la moindre connaissance, ne pouvait être maintenue, et, en me frappant
sur l'épaule, il me dit : « Vous aurez bien votre garnison ! »

Nous voulûmes alors aller chez M. Lainé, ministre de l'intérieur ; M. de Saint Cricq nous y conduisit dans sa voiture.
Le ministre nous reçut aussi très bien, et en recevant
l'adresse au Roi que je lui présentai, il dit qu'il s'occuperait
sans retard de notre réclamation. Comme M. de Cazes, il
n'avait nulle connaissance de la détermination du maréchal
et du départ des troupes. En sortant, M. de Saint-Cricq nous
conduisit rue de la Paix, hôtel de la Tamise, où nous étions
descendus. J'eus occasion de lui rapporter ce que M. de
Cazes m'avait dit : « Ah, dit M. de Saint Cricq, s'il vous a
dit cela, votre affaire est sûre ! Dès ce soir, à minuit, le roi
saura votre arrivée. »

Le conseil des ministres fut saisi sans retard de la question et décida à l'unanimité, moins le ministre de la guerre, que Bourbon Vendée serait maintenu comme établissement militaire. Par accommodement, il fut dit que l'hôpital cesserait d'être hôpital militaire et à la charge de l'Etat ; qu'il serait remis à la ville ou au département, et que le ministre de la guerre n'aurait plus à payer que les journées de ses malades.

Nous fûmes promptement informés de cette décision ; mais ce n'était pas tout : il fallait la faire exécuter, vaincre la mauvaise volonté du ministre et de ses bureaux. Plusieurs jours se passèrent et le maréchal Gouvion Saint-Cyr, que nous vîmes, nous reçut assez froidement et nous renvoya à M. le général Decaux, chef de division, chargé du mouvement des troupes. M. Drouyn se lassa ; il avait ses affaires et je fus livré à mes propres forces. Heureusement, j'avais là M. le baron du Fougerais, qui était plein de dévouement et qui me fut bien utile. Il connaissait particulièrement M. Cassaing, intendant militaire et alors secrétaire général du ministère de la guerre ; il me fit dîner avec lui. M. Cassaing avait été intendant à la division du malheureux et illustre maréchal Ney ; il en était l'ami, le conseil, et c'est parce qu'on avait trouvé des lettres excellentes de lui, dans les papiers du maréchal, qu'on l'avait appelé au poste élevé qu'il occupait dans le moment. Après le dîner, nous causâmes longtemps sur un canapé, et comme je déplorais avec attendrissement la mort d'un si brave homme, il me dit : « Que voulez-vous ! Le malheur a voulu que le maréchal ait été abandonné à ses seules inspirations. Si Clouet ou moi, nous nous étions trouvés près de lui, il n'aurait pas commis la faute qui l'a perdu. Sur un champ de bataille, c'était un homme admirable ; en politique, c'était autre chose. Le général Bertrand est arrivé près de lui, avec une proclamation ronflante; cela l'a séduit et il l'a signée ! » En me parlant ainsi, ce pauvre M. Cassaing avait presque les larmes aux yeux.

Je lui parlai alors de la mission qui m'avait appelé à Paris, de la décision prise au conseil du Roi et de son inefficacité actuelle, M. du Fougerais intervint et supplia M. Cassaing de nous être favorable. « Cela, dit-il, dépend un peu du général de Caux ; je crois bien que c'est lui qui a conseillé la mesure condamnée : il est entier dans ses opinions. Cependant, je ferai ce que je pourrai pour vous être utile. Venez demain à onze heures au ministère ». Puis il partagea en deux une carte de visite et, en me remettant l'un des morceaux, il me dit qu'en le présentant, je serais immédiatement introduit près de lui.

J'avais informé le préfet et mes adjoints de la décision intervenue au Conseil des Ministres. La joie avait été grande dans la ville ; mais on ne prévoyait pas et moi-même je ne soupçonnais pas les difficultés qui m'attendaient, pour en assurer l'exécution. M. Drouyn, très occupé de ses intérêts particuliers, me laissait tout le soin des démarches à faire. Nous avions dîné au ministère de la police générale, où M. de Cazes m'avait expliqué que le gouvernement n'entendait pas que l'établissement militaire de Bourbon fut supprimé et il me promit de donner ses soins pour que la garnison, qui avait été enlevée, nous fût rendue. J'avais aussi dîné seul chez M. Laîné, ministre de l'Intérieur, qui fut très bien, mais moins chaleureux que M. de Cazes.

C'est dans ces circonstances que je me présentai au ministère de la guerre, où M. Cassaing me reçut affectueusement. Après lui avoir reitéré, plus en détail que la veille, l'état de la question, il manda dans son cabinet le général de Caux, et lui dit : « Général, voici M. le maire de Bourbon-Vendée qui vient vous demander sa garnison. — Cela, répondit M. de Caux, est tout uniment impossible, quant à présent, du moins. — Cependant, général, dis-je, il a été décidé au conseil du Roi que l'établissement militaire de Bourbon-Vendée serait conservé. — Le conseil du Roi décide ce qu'il veut, mais moi, je ne puis faire l'impossible. De toutes parts on demande des troupes et nous n'avons pas 250.000 hommes disponibles. — Mais, général, un grand intérêt politique d'ordre et de civilisation s'attache à la position particulière de Bourbon-Vendée. — Je n'ai pas à m'occuper de politique. — Permettez-moi, général, de vous faire observer que cette création d'une ville au centre d'un pays presque inabordable, peu éclairé et sans cesse agité, fut le résultat de la pensée d'un grand homme. — Enfin je ne puis faire l'impossible, je n'irai pas envoyer périr dans une caserne de boue et de crachats des soldats qu'il faut ménager, quand nous avons de quoi loger en France 400.000 hommes, dans les plus belles casernes du monde. — Est-ce à dire que la décision rendue doit rester lettre morte ? — Je ne dis pas cela ; nous verrons au mois d'octobre ! — Au mois d'octobre !. . Si notre garnison ne doit nous être rendue qu'alors, je serai obligé de rester à Paris, (nous étions au mois de mai), car, d'après ce j'ai écrit et fait espérer, je ne puis rentrer chez moi sans m'exposer aux plus vifs désagréments. — Vous avez raison, Monsieur, restez !... On obtient souvent, par l'importunité, des choses même injustes. — Général, je ne puis accepter une telle position, je demande... — Permettez ; vous êtes maire, je crois même un bon maire ; mais je dois voir la France et non pas une seule ville. »

M. Cassaing intervint alors et dit : « Allons, allons, M. de Caux, un peu de complaisance ! tâchez d'abréger les délais ». A mon tour je lui dis : « Mon Dieu, si je deviens importun, ce n'est pas par plaisir ; mais votre refus, s'il était irrévocable, me clouerait ici jusqu'à solution de la mesure prescrite. » Le général dit : « Je verrai, j'examinerai, si je puis quelque chose ; » et il se retira.

Le lendemain, j'informai M. du Fougerais de cette entrevue et il fut convenu que j'en rendrais compte à M. de Cazes. Je me présentai à son hôtel, et, comme je le présumais, il n'était pas visible ; mais j'avais préparé une lettre explicative des faits et j'exigeai qu'elle lui fut immédiatement portée, en déclarant que j'attendrais les ordres de son excellence. Le ministre me fit appeler et me promit de s'occuper de ma réclamation, qu'il regardait comme très juste. Puis il me dit : « J'aurais à causer avec vous ; mais il faut que je me rende aux Tuileries. Faites-moi le plaisir de passer chez M. de Mirbel, mon secrétaire général. » Et il remit à un huissier un mot d'écrit, avec ordre de me conduire au bureau de M. de Mirbel. J'y trouvai M. Laval, député de Fontenay, brave et digne homme, qui, par la sagesse et la fermeté de ses votes, prêtait un concours efficace au ministère. Etaient alors au pouvoir MM. Pasquier, à la justice, Lainé, à l'intérieur, de Cazes à la police générale, jouissant de la faveur du Roi et d'une influence incontestée. Le duc de Richelieu, ministre des affaires étrangères, était président du Conseil, M. Corvetto était aux finances. Le gouvernement était dans une excellente voie. Si les bourgeois appelés à la Chambre, si la presse eussent prêté à ces sages ministres le concours loyal que M. Laval, leur donnait, bien des malheurs eussent été épargnés et la monarchie légitime, poussée plus tard dans de coupables entreprises, n'eut pas succombé M. de Mirbel, M. Laval et moi, nous causâmes des élections qui devaient avoir lieu au mois d'août ou de septembre suivant, en vertu de la loi que M. Lainé avait fait rendre et qui admettait à l'élection directe tous les français payant trois cents francs de contributions. C'était une conquête immense, faite sur le privilège, au profit de la bourgeoisie ; mais c'était à condition que celle-ci saurait et voudrait en user avec sagesse et modération ; malheureusement il n'en fut rien !

Ce jour-là, M. de Mirbel nous apprit que les ultra-libéraux de Paris voulaient tenter le coup le plus hardi, en faisant nommer Manuel dans la Vendée. M. Laval et moi, nous nous récriâmes sur l'invraisemblance d'une aussi audacieuse entreprise, et notre avis fut qu'elle n'avait aucune chance de succès. « Ne vous y fiez pas, dit M. de Mirbel ; il est bien essentiel que tous les honnêtes gens s'entendent pour éclairer les électeurs. »

Pendant les trois jours qui suivirent, point de nouvelles. M. Drouyn, qui était fort causeur, me raconta les détails de son voyage à Paris, lorsqu'il y fut mandé avec le baron de Maynard.

Un matin, quatre jours après mon entrevue avec le général de Caux, un domestique de M. du Fougerais me remit un billet par lequel cet ami m'informait que la veille, il avait rencontré chez M. le duc de Richelieu le général de Caux qui lui avait dit : « M. le baron, annoncez à vos ennuyeux députés de Bourbon-Vendée qu'ils vont avoir leur garnison ; j'ai signé aujourd'hui l'ordre d'y envoyer la légion de Seine-et-Marne qui est à Toulouse. » Je me hâtai d'aller serrer la main de M. du Fougerais et, sur ses nouvelles assurances, M. Drouyn et moi allâmes jeter des cartes partout et le lendemain, nous étions en route pour la Vendée.

A mon arrivée, la population ivre de joie vint m'accabler de remerciements, mais je trouvai Messieurs ... très froids. Ma femme m'apprit que les habitants avaient eu le projet de m'accueillir au retour par un feu de joie. M. Duplessis, chez qui elle allait quelquefois, lui avait fait à ce sujet une scène de violence. « J'espère, Madame, lui avait-il dit, que vous empêcherez cette ridicule démonstration. » Elle n'en avait pas eu connaissance jusqu'alors ; mais ayant pris des informations, elle supplia nos amis de faire comprendre aux habitants que ce serait me rendre un mauvais service, à cause de certaines jalousies qui commençaient à n'être un secret pour personne.

Je reçus de la ville moitié de la dépense de ce voyage et je refusai la portion pour laquelle les habitants s'étaient cotisés. Mais ils envoyèrent l'un d'eux à Nantes et on en rapporta douze couverts d'argent, une losse, un couteau à poisson, un moutardier marqués à mon chiffre, qui me furent offerts à titre de cadeau et de reconnaissance ; je conserve ces objets, comme un bon souvenir d'une louable action de ma vie.

J'assemblai bien vite le conseil municipal, qui vota au ministre de la police générale des remerciements que je me hâtai de lui transmettre. Je reçus, quelques jours après, une lettre datée du 11 juin 1818, ainsi conçue :

« Monsieur,

« Son excellence, le ministre de la police générale, a été très sensible aux remerciements que vous lui avez adressés, au nom du corps municipal de Bourbon-Vendée. Il me charge de vous le dire et de vous assurer qu'il sera toujours disposé à porter aux pieds du trône les justes réclamations de vos concitoyens. Il n'oubliera jamais que, dans le temps de l'usurpation, la Vendée a été le dernier boulevard de la monarchie légitime, et il acquiert chaque jour la preuve que ses fidèles habitants ne sont pas moins disposés à obéir à l'autorité du Roi, qu'ils ont montré de courage à la défendre. Il sait, Monsieur, ce que vos administrés doivent à votre administration éclairée et prudente ; comme Français, il vous en remercie, comme ministre de Sa Majesté, il approuve votre conduite.

Agréez, Monsieur, l'assurance de ma haute considération.

Le maître des requêtes, secrétaire général de la police,
Signé : Mirbel. »

Deux mois plus tard, le collège électoral fut convoqué pour nommer directement trois députés. Le gouvernement fit la faute de l'assembler à Fontenay, au centre d'un pays où les paysans, surtout ceux des marais de Luçon, étaient très exaltés. Tous les mécontents que la réaction de 1815 avait faits, tous les acquéreurs de biens nationaux s'y rendirent des points les plus éloignés, tandis que les gens paisibles, effrayés d'un voyage de trente à quarante lieues et des dépenses qui en devaient résulter, restèrent chez eux. Le collège, composé de mille électeurs au moins, n'en réunit guères que six cents, divisés en deux sections. M. du Fougerais en présidait une ; l'autre fut dirigée par M. Laval, qui m'avait appelé comme secrétaire. Mais au premier tour de scrutin, les bureaux furent renversés et il nous fut facile de comprendre ce que le scrutin définitif nous réservait.

J'avais dans l'opposition de grands amis, Delange, par exemple, qui me dirent que s'ils avaient pu savoir que M. Laval m'aurait confié le secrétariat, on m'y aurait maintenu, mais qu'à mon arrivée tous les arrangements étaient pris. Ce fut M. Pervinquière père qui me remplaça et MM. Manuel, Perreau, de La Châteigneraye sortirent au premier tour ; le lendemain, M. Esgonnière fut élu.

On ne peut imaginer aujourd'hui, mes chers enfants, la sensation que produisit en France l'élection de Manuel *dans la Vendée*. Ce fut un premier coup porté à la loi que le digne et honorable M. Lainé avait fait rendre en 1817.

Les nouveaux députés obtinrent bientôt une modification dans le ministère. M. de Serres, orateur éloquent, qui, dans les derniers jours de la Chambre introuvable, lui avait fait entendre, au milieu des plus violentes interruptions, de sévères vérités et de salutaires avertissements, fut appelé à la justice. Le préfet de la Vendée, comte de Kérespertz, fut remplacé par M. Rogniat, frère du général du génie, ce qui fit grand plaisir à mes jaloux ; mais leur joie fût de courte durée, car M. Rogniat me traita avec une grande bienveillance. Il se montrait plus administrateur qu'homme politique, et je le trouvai constamment disposé à seconder les propositions que j'avais à lui soumettre.

Avant d'aller plus loin, mes chers enfants, il faut que je vous raconte une anecdote qui survint aux vacances de 1818. M. de Kérespertz, qui était encore préfet, devait présider la distribution des prix du collège ; mais le matin même, obligé de partir pour Les Herbiers, où un petit mouvement vendéen s'était produit au marché de la veille, il lui plut de déléguer la présidence à M. de La Rochette, conseiller de préfecture, mon ennemi politique. C'était le père de MM. de la Rochette, qui sont à Nantes à la tête de l'opposition légitimiste.

J'écrivis à M. de la Rochette que j'avais été heureux que M. le comte de Kéerespertz eut bien voulu accepter la présidence de la distribution des prix du collège, quoique cette distinction ne lui appartînt pas de droit; mais qu'il n'avait pu en déléguer l'honneur à un autre; qu'en ma qualité de président du bureau d'administration du collège, en l'absence de M. de Kéerespertz, la présidence m'appartenait et que je me rendrais au collège pour en remplir les devoirs ; ce que j'exécutai. Toutes les autorités convoquées se trouvèrent là. J'avais à ma droite le général comte de Vittré, à ma gauche le président du tribunal, et j'écrivis mon discours, dont on fut enchanté, pendant qu'un professeur lisait le sien. Chacun commentait l'évènement à sa manière ; les jaloux espéraient beaucoup de ce qu'ils appelaient un coup de tête. Delange me disait : « Il faut, mon ami, que vous soyez bien fortement constitué pour supporter tant de crises avec cette résolution. »

Le préfet, à son retour, fut très mécontent, c'était naturel. Je répondis à sa lettre de reproches, dans laquelle il me disait qu'il allait rendre compte au ministre de l'atteinte portée à son autorité, à sa dignité, que je n'avais entendu le blesser en rien, que je ne cessais pas d'avoir pour lui les sentiments de respect et même de reconnaissance que je devais à ses bons procédés ; mais que je n'avais pu voir de sang-froid décerner à mon ennemi politique une présidence qui m'appartenait de droit. etc. En même temps j'écrivis au ministre, qui, au bout de huit à dix jours, chargea le préfet de me dire qu'il avait vu avec peine le conflit que j'avais soulevé contre la délégation du chef de l'administration. Je fus fort peu touché de ce quasi blâme. J'avais eu raison en fait et on savait, pour l'avenir, qu'il n'était pas aisé de me braver impunément.

L'année qui suivit fut très calme. Je voulais obtenir pour Bourbon le titre de *bonne ville*, qui se trouvait mentionné dans deux ordonnances : l'une qui maintenait le nom de Bourbon-Vendée, donné par M. le comte d'Artois, alors lieutenant général du royaume, en 1814, l'autre qui mettait à la nomination du Roi, par une mesure tout exceptionnelle, la mairie de la ville. Je désirais aussi obtenir la concession d'armes spéciales. J'ai écrit bien des pages à ce sujet, et je n'ai pas réussi.

Le ministre m'a écrit, par deux fois, que la distinction de *bonne ville* ne pouvait être accordée qu'aux villes d'une population de 20.000 âmes, etc.

Au mois de septembre 1819, alors que tout était en repos, je m'étudiai à expédier toutes les affaires de la ville, à faire payer tout ce qui était dû. J'avais pris la population à 1.900 âmes ; elle était alors de 3,300. Le collège, réduit à cinq pensionnaires libres lors de la destitution de M. Chastain, renfermait 160 internes. J'avais fondé une école d'enseignement mutuel qui fut portée immédiatement à 150 élèves et elle subsiste encore. Enfin, j'avais surmonté avec dévouement et énergie toutes les difficultés. Le sacrifice de mon temps, les frais de voyage, de représentation m'ont coûté plus de six mille francs. Je sentis le besoin de revenir à mon cabinet, à mes affaires. Je comprenais ensuite. qu'en me retirant, je fermais la bouche à mes ennemis qui ne cessaient de m'imputer d'ambitieux desseins.

Je me déterminai, le 5 septembre, à donner irrévocablement ma démission. Je la consignai dans une lettre et j'en fis part à mes adjoints par une autre épître, qui devaient être remises le 6 au matin, après mon départ pour La Châtaigneraye, où j'emmenai toute ma famille ; je voulais, par là, me soustraire à des importunités faciles à prévoir.

Ma démission, que personne n'avait prévue, causa dans la ville une grande émotion. Le conseil municipal s'assembla le 7 septembre 1819 ; lecture fut donnée de mes lettres au préfet et aux adjoints. J'y avais formellement déclaré que cette démission étant le fruit de la réflexion, rien ne saurait faire changer ma détermination. La délibération porte qu'on m'exprime, au nom de la ville, d'honorables regrets et des remerciements me sont votés pour ma bonne administration.

Je reçus promptement expédition de cette délibération, une lettre des adjoints et une autre du préfet qui m'engageaient à reprendre ma démission ; tout au moins à continuer l'administration jusqu'à mon remplacement ; mais je ne voulus me prêter à aucune concession. Ces lettres sont conçues dans des termes très obligeants pour moi.

Je puis dire que ma retraite de la mairie causa aux habitants une véritable stupéfaction ; elle vexa mes envieux. Ils avaient l'oreille du préfet, et quoique celui-ci fut très poli pour moi, je ne trouvais pas chez lui ce dévouement et ces

procédés exquis dont j'avais eu tant à me louer sous M. le
comte de Kérespertz. On commençait à me créer de puériles
difficultés de forme, à ce point qu'on laissa à mon compte
cent francs que j'avais alloués aux religieuses pour l'établissement d'une pompe, qu'elles devaient à la vérité fournir à
leurs frais comme condition de la cession gratuite que nous
leur avions faite de deux maisons, des privés et du terrain
qui forme aujourd'hui leur jardin. Ces pauvres dames voulaient bien me rendre cette petite somme que je refusai ; mais
comme j'avais été parrain de leur cloche, avec Madame de
Lépinerays, honneur qui me coûta dix louis, et que j'avais
toujours été très bon pour elles, on me vota la jouissance via-
gère et gratuite du banc que nous avions dans l'église et les
prières ne me manquèrent pas.

J'étais alors membre du conseil d'arrondissement de Bourbon ; on y joignit immédialement le titre de conseiller municipal ; M. Guitton, notaire, me remplaça comme maire.
M. Rogniat fut, peu de temps après, envoyé dans le Puy-de-
Dôme et remplacé par M. Courpon, royaliste sage, modéré,
mais sincère ; il avait, pendant les Cent-Jours, suivi
Louis XVIII à Gand. Nous fûmes promptement d'accord en
politique et liés par les mêmes goûts. Je me fis un devoir de
le seconder dans ses excellentes vues administratives et surtout, lors de la réunion du grand collège électoral en 1820 ;
c'était le premier essai de la loi qui avait modifié la loi *Lainé*
du 5 février 1817. Je payais alors 1.448 francs de contributions et j'étais presque un des derniers sur la liste. M. Marchegay de Lousigny et M. le général de Sapinaud furent
nommés députés ; le premier à une majorité de 148 suffrages
sur 203. Je crois avoir eu une grande part à ce magnifique
résultat. En 1822, le ministère de Villèle, Corbière et Cⁱᵉ arriva
aux affaires. Un de ses premiers actes fut de destituer M. Courpon, notre préfet, et de le remplacer par M. de Curzay.

J'avais blâmé hautement la révocation de M. Courpon, mon
estimable ami, et j'avais compris que le gouvernement allait
entrer dans un système politique où il ne m'était plus permis
de le suivre.

Aussi avais-je refusé de me mettre en rapports avec M. de
Curzay. Ma femme, qui avait été élevée avec Madame de
Curzay, fille du marquis de Lépinay, du Pallis, de Chanton-
nay, s'abstint aussi de lui faire visite.

Cependant, lors des élections de 1822, M. de Curzay tenta de me rallier à son système. Il m'envoya MM. Tardy, conseiller de préfecture, Pomeroy, directeur des contributions directes et Auguste du Fougerais, directeur des contributions indirectes. Ils étaient tous nos amis, et me firent, de la part de M. de Curzay, des offres séduisantes de places salariées ou de conseiller général du département ; M. Auguste du Fougerais insistait particulièrement : « Vous voulez donc, me dit-il, résolument passer le Rubicon ? — Je ne passe rien du tout, répondis-je ; je reste dans mon camp ; ce n'est pas moi qui change d'opinion, c'est le gouvernement qui adopte une politique qui n'est pas la mienne, et je me trouve naturellement, consciencieusement dans l'opposition. »

Ma femme et ma chère fille, qui dès lors avait une raison élevée, comprirent la position et m'encouragèrent dans ma résolution qui devint irrévocable.

Il y eut, chez l'ami Ménardeau, une réunion préparatoire des électeurs constitutionnels, à laquelle M. Esgonnière, qui la présidait, m'invita. J'eus là à subir quelques sottes imputations des exagérés du parti ; mais M. Esgonnière et d'autres me défendirent, sans même me laisser la liberté de parler. Il fut spontanément décidé que je serais porté comme secrétaire du collège. Au scrutin, j'obtins 123 suffrages sur 272 votants. Mon compétiteur était M. de Regnon. Je n'avais voté ni pour lui, ni pour moi, malgré les invitations qu'on m'avait faites de m'honorer de mon suffrage ; je l'avais donné à M. Mourrain, substitut. Mon bulletin ne fut pas lu ; le président du collège était M. Guérin, juge, pensionnaire de Biron, ne payant pas un centime de contribution foncière.

Le lendemain, on devait nommer un député. Avant l'ouverture du scrutin, je lus une protestation dans laquelle j'exposais que le dépouillement de la veille n'avait pas été exact. « Je n'accuse pas, disais-je, la loyauté de M. le président ; la couleur bleue des bulletins, leurs aspérités et la finesse des plumes employées expliquent l'erreur dont je me plains ; mais j'affirme n'avoir pas voté pour moi. Dans ma position, je ne pouvais voter pour mon honorable compétiteur ; j'ai voté pour M. Mourrain et mon bulletin n'a pas été lu ; pareille erreur a pu se produire souvent et de là nécessité de recommencer. » Puis, profitant de l'occasion, je m'expliquais sur la prétendue défection que mes ennemis politiques ne craignaient pas de m'imputer ; je protestais de mon dévouement au Roi et à la Charte.

Ce discours fut suivi d'un hourra des constitutionnels, qui crièrent avec force : « Vive le Roi ! Vive la Charte ! — Vive le Roi, dirent les autres, cela renferme tout ! — Vive la Charte, répondirent les libéraux, cela renferme le Roi. » Ce fut un vacarme de quelques instants, après lequel M. Guérin, sans oser contester la sincérité de mon imputation, fut heureux de saisir les prétextes que j'avais cru devoir indiquer, pour excuser une simple erreur qui, dit-il, ne pouvait invalider une opération consommée à une grande majorité. Il avait raison en droit, mais en réalité, c'était un président vendu à la faction. Quand il avait lu quelques bulletins contenant mon nom, il demandait aux scrutateurs : « Où en sommes-nous ? » puis venaient les noms de Regnon, pour conserver la supériorité. Au reste, le parti ultra devait nécessairement l'emporter dans cette circonstance ; on obligeait les fonctionnaires à mettre sur leurs bulletins les numéros des cartes d'électeurs et ces bulletins, au lieu d'être livrés aux flammes, comme la loi le prescrivait, étaient portés à la préfecture et vérifiés.

C'est ainsi que M. Tireau, juge de paix du Poiré, qui n'avait pas voulu subir cette humiliation, fut destitué dans la huitaine et l'ordonnance de révocation fut lue et affichée lors de la réunion du grand collège. M... qui n'avait pas eu la force d'obéir à ses convictions, subit, en sa qualité de percepteur, la condition faite à tous les fonctionnaires. Il nous rapporta qu'après l'élection, Guérin ayant effrontément demandé à madame de Curzay si elle était contente, celle-ci répondit : « Ah monsieur, vous avez surpassé nos espérances ! » Et le saltimbanque de président se prit à rire... Voilà comment le ministère débutait dans sa carrière de réaction.

Ajoutez, mes enfants, qu'on avait repoussé, rayé une foule d'électeurs sous les plus futiles prétextes et qu'on avait inscrit d'office beaucoup de personnes qui, bien examinées, n'auraient pas eu le droit de voter.

Lors de la lecture de ma protestation, le général du Péra, ancien chef vendéen, qui commandait la Vendée, se trouvait au nombre des scrutateurs. « Monsieur, dit-il, avec une espèce de fureur, déposez cet écrit ! — Oui, Monsieur, répondis-je avec calme ; sachez que, comme toujours j'ai le courage de mes actes ; je vais en faire copie. — Non, l'original ! — Monsieur, chacun a son amour-propre. Cette pièce écrite fort à la hâte renferme des ratures, des corrections ; je vais la copier et vous pourrez en vérifier la fidélité ! » Ce qui eut lieu. Mais cette scène m'exposa à mille clameurs. M. de La Garde, alors procureur du Roi, demanda, par lettre subite, ma révocation de la place de juge suppléant ; à quoi M. de Peyronnet, garde des sceaux, répondit, par une missive que j'ai retrouvée au parquet en 1831, que quelque blâmable que fut ma conduite, j'étais inamovible.

Un rapport sur les fraudes commises a été imprimé à Nantes. Je n'ai pas su qui l'avait rédigé. Mais je fis publier, à la même époque, une lettre explicative de ma conduite. Je n'avais ni abandonné mes principes, ni trahi la cause à laquelle je m'étais attaché. Après avoir protesté contre l'imputation d'une honteuse défection, j'expliquais que la monarchie, privée de l'affection des peuples, réduite à chercher ses appuis dans une classe peu nombreuse de la société, courrait aux abîmes. Dans l'état actuel des choses, disais-je, j'aurais trahi ma conscience en votant pour le candidat ministériel. Les élections étant le seul moyen légal de faire connaître au Roi la véritable opinion publique, il est du devoir de tout homme énergique qui pense de bonne foi que le système du gouvernement est faux et dangereux, de l'exprimer franchement en votant contre lui, etc.

Encouragé par ce succès, quel qu'illégitime qu'il fut, le parti voulut avoir à Bourbon Vendée un maire et un conseil municipal à sa dévotion. M. Guitton, maire inoffensif et sept à huit conseillers municipaux, au nombre desquels on me fit l'honneur de me comprendre, furent remplacés ; le maire, par un sieur Duchesne de Dinant, vieil émigré. Le nouveau conseil lui alloua, à titre de représentation, un traitement de trois mille francs, dont il a joui jusqu'à la révolution de 1830. Ce n'était pas un homme méchant, mais c'était un instrument de l'autorité.

On m'avait laissé, à ma grande surprise, au conseil d'arrondissement, duquel on avait écarté, comme du Conseil général, toute la bourgeoisie. Cependant M. Armand Auvynet y était aussi demeuré et on le nommait à chaque session président du conseil ; je n'ai jamais cessé d'en être le secrétaire.

En 1824 et 1827, d'autres élections eurent lieu. Les constitutionnels, avec lesquels je votais, me portèrent toujours pour secrétaire et nous y eumes constamment le dessous, par les moyens employés en 1822. A l'une de ces assemblées, que présidait M. le comte de Mornac, digne homme que la faction présentait comme moins hostile à la bourgeoisie que bien d'autres, nous lui opposions le comte du Chaffault. Celui-ci était un écervelé, fort ambitieux. Il eut le malheur de se confier à M. T... pour la rédaction d'une profession de foi ; il la commença ainsi : « *Je ne suis plus dans les serviles ; je me sépare d'un parti où un homme d'honneur ne saurait rester sans rougir* », et le reste sur le même ton. Les gens sensés gémissaient d'avoir à voter pour un pareil candidat ; mais nous n'étions pas maîtres d'en choisir un autre.

Au lieu d'avoir placé les tables de manière à laisser aux électeurs le droit qu'ils avaient, d'écrire secrétement leurs bulletins, la table était découverte et sous les yeux du bureau. On s'en plaignit. M. de Mornac répondit bêtement : « Ceux qui ne se trouveront pas assez cachés, pourront écrire derrière leurs chapeaux. — Beau moyen de conserver le secret des votes ! » lui répondit-on en éclatant de rire. Là-dessus arrive M. de Suleau, alors préfet, qui, prenant la parole avec hauteur s'écria : « Qui est-ce qui parle ici du secret des votes ? Il n'y aurait que des lâches pour s'abriter derrière un chapeau ! » A cette sortie, il éclata un orage épouvantable. On insulta le préfet. Constant Meunier le provoqua en duel. « C'est vous qui êtes un lâche de nous insulter quand nous réclamons l'exécution de la loi ! » — Le président : « Silence, messieurs, ou j'appelle la force armée ! » — On monte sur les bancs, on crie ; enfin la séance reprend, après la retraite du préfet.

Le soir, l'heure de la clôture arrive et on laisse le scrutin ouvert. Tout à coup on voit arriver M. de Bessay, avec cinq à six habitants des environs de Mortagne, qui étaient de la Petite Eglise et qu'il était allé chercher. Ces pauvres gens ne voulaient pas faire le serment prescrit : l'heure de la clôture du scrutin était passée ; on reçoit leurs bulletins sans qu'ils aient prêté le serment prescrit. Pendant ce temps-là, l'assemblée était en ébullition : « Ils ne voteront pas ! l'heure est passée ! ils n'ont pas fait serment ! c'est une indignité !... Nous ne laisserons pas dépouiller le scrutin ! » etc. M. de

Mornac sonnait, s'épuisait sans pouvoir obtenir le silence. De guerre lasse, après avoir provoqué de violentes apostrophes, en menaçant de la force armée : « Encore une fois silence, messieurs, s'écria-t-il, ou je vais faire évacuer la salle ! »... J'étais jusqu'alors demeuré assez calme, mais à cette sortie, je ne pus me contenir et, monté subitement sur un banc : « Comment, monsieur, lui dis-je, nous mettre à la porte ! Vous n'en avez pas le droit ; nous sommes ici autant que vous ; si vous ne pouvez dominer l'assemblée, suspendez la séance !... Je n'aurais jamais cru trouver tant d'inconvenance chez M. le comte de Mornac ! »... Ces mots l'attérèrent, il en a été bien longtemps offensé. J'avais été là bien dur, pour un honorable homme, mon client, que j'estimais beaucoup ; mais je ne pus me contenir au milieu d'une effervescence que suscitaient toutes les indignes manœuvres du pouvoir d'alors. Vous ne saurez jamais, mes chers enfants, à quel point on avait poussé l'art de fausser les élections et de braver l'honnêteté publique.

Au milieu de toutes ces luttes, qui me séparaient si profondément des exaltés monarchiques, ma clientèle ne subit aucune diminution ; à l'exception de M... si gravement compromis dans les manœuvres de la conspiration Blanchard, toute la noblesse me continua sa confiance ; grâce à Dieu, je ne l'ai jamais trahie.

Lors des élections de 1827, il y eut velléité de rapprochement entre les hommes éclairés du parti ultra et les constitutionnels modérés. Messieurs de Lézardière, qui s'étaient montrés bien exclusifs en 1816, se rendirent à une conférence dans mon cabinet. Elle n'amena aucun résultat ; mais c'était un premier pas vers un rapprochement souhaité ; seulement nous ne voulions pas nous livrer sans conditions.

Le ministère de Villèle ayant été renversé, le cabinet fut composé de Messieurs Martignac, Yde de Neuville et autres représentants ou pairs de France appartenant à la nuance modérée du système monarchique. A l'occasion d'une loi sur le jury, la chambre des pairs, secondant les vues loyales de M. de Martignac, introduisit des dispositions qui permettaient de déjouer les manœuvres électorales contre lesquelles la France s'indignait depuis longtemps. Nous les utilisâmes plus tard ; mais avant d'aborder cette série de faits très compliqués , je veux revenir un peu en arrière.

M. de Villèle avait fait rendre, en 1825, la loi d'indemnité
en faveur des émigrés. L'exécution des formalités prescrites
était au-dessus des moyens de la plupart des ayants-droit.
M. de Curzay, avec lequel j'avais eu quelques rapports, par
suite de mes fonctions de secrétaire du conseil d'arrondissement, avait eu occasion de me connaître et d'apprécier, je
puis le dire, la fermeté, mais aussi la loyauté de mes convictions. Aussi se hâta-t-il de me confier le soin de suivre la
liquidation de l'indemnité due à la famille de Lépinay et de
me recommander à la confiance de toutes les personnes qui
lui demandaient des conseils. Cette opération m'a donné un
grand travail. Je n'ai point acheté les témoignages de confiance dont je fus alors entouré par la plus simple capitulation sur mes principes politiques, et on ne m'en a jamais
demandé.

Il y a plus. Un soir, dans un petit appartement de la préfecture où j'avais dîné avec M. de Lézardière, alors député
des Sables, M. de Curzay mit la conversation sur la politique.
« Il est, dit-il, dans mes principes de respecter l'opposition ;
j'y ai été moi-même. M. Tortat, je respecte la vôtre, parce que
je sais qu'elle est loyale, qu'elle ne tend pas au renversement.
— M. de Curzay, vous avez parfaitement raison. — Je sais ;
mais vous voudriez que cela descendit aux Royer Collard. —
Il n'y aurait pas, il me semble, grand mal à cela ! — Bah !
bah ! Cela ne se peut pas et ne sera pas ! Quand on a le pouvoir, il faudrait être bien bêtes pour le laisser échapper ! —
M. le préfet, vous vous abusez, selon moi, sur la situation.
— De quoi vous plaignez-vous ? — Moi, personnellement, de
rien ! On ne peut rien m'offrir qui valut ma position ; mais
vous avez, comme partout, mécontenté la bourgeoisie ; vous
l'avez exclue des conseils, irritée par des vexations en matière
électorale. Cette classe est riche, nombreuse, influente ; un
jour viendra où elle se fera sa part et se la fera bonne ! — Ah !
cela n'est pas à craindre ; je répète que nous ne serons pas
assez imbéciles pour laisser échapper le pouvoir.

— Curzay, dit alors M. Charles de Lézardière, M. Tortat a
raison. Vous ne voulez pas voir la France comme elle est ;
nous courons à une catastrophe ! » Cette conversation continua ainsi quelque temps et M. de Lézardière, qui s'était
rapproché de nous et qui avait fréquenté les hommes du
pouvoir, qui le nommèrent plus tard préfet, soutint la dis-

cussion avec une modération qui s'éloignait démesurément des extravagances de 1816.

Le ministère Martignac, qu'une opposition aveugle et passionnée attaquait chaque jour avec une criante injustice, fut renversé, remplacé par le ministère de Polignac, et M. de Curzay fut envoyé à Rennes, et plus tard à Bordeaux. On envoya à sa place, dans la Vendée, M. Foresta, homme honnête qui eut voulu respecter tous les droits ; mais il y avait là un conseil de préfecture, composé de congréganistes, et un secrétaire général qui s'efforçaient encore de fausser les listes électorales.

Au moment, où M. de Curzay quitta la Vendée, nous étions devenus bons amis. Comme administrateur, comme homme privé, il était parfait ; mais en politique, il était peu difficile sur les moyens de succès.

Lorsqu'il vint me faire sa visite d'adieu, avec son secrétaire intime, il m'embrassa, les larmes aux yeux, et en ajoutant qu'il avait passé à Bourbon les six plus belles années de sa vie, il me dit : « J'ai pourtant un grand regret : c'est de ne vous avoir pas connu et apprécié plus tôt ; bien des fautes que je connais maintenant n'auraient pas eu lieu. »

Cette noble franchise me toucha vivement et j'y répondis avec une effusion sincère ; aussi, lorsque d'affreux démagogues l'attaquèrent à Bordeaux, en pillant sa maison, et le laissant pour mort, j'en éprouvai une grande douleur.

Il faut aussi, mes chers enfants, que je vous parle de M. Soyer, évêque de Luçon, sur le compte duquel on a dit beaucoup de mal pendant sa vie, et que l'on a honoré, après sa mort, pour des actes de charité soigneusement cachés, qui ne lui laissaient que le strict nécessaire.

Il arriva à Luçon, peu de temps après l'installation du ministère de Villèle, et conséquemment, lorsque j'étais involontairement placé, par mes principes, dans une opposition consciencieuse, dont vous connaissez les circonstances. Mais il sut que j'avais efficacement favorisé le couvent des religieuses, que j'étais le conseil des dames de Chavagnes, des fabriques, et que l'on avait la bonté de me savoir gré de mes soins. Cela me procura près de lui, lors de sa première visite à Bourbon, un accueil gracieux.

Mais vers 1824, ou peut être un peu plus tard, C. D. mourut au couvent de Luçon, laissant un testament qui attribuait à peu près toute sa fortune au séminaire ou à des établissements religieux. Les D. me chargèrent de voir à ce sujet Monseigneur. Une correspondance curieuse fut la suite de ce débat que messieurs de C. firent terminer plus tard.

Ayant eu, dans la suite, occasion de montrer cette correspondance à M. Auguste du Fougerais, il me dit : « Vous l'avez battu ; il ne vous le pardonnera pas. » En effet, nos relations cessèrent.

Ce qui, d'ailleurs, ajouta au refroidissement, c'est que Monseigneur eut le tort de se faire homme politique, d'accepter la présidence de collèges électoraux, où on lui faisait avaler des couleuvres. Cependant, quelque temps avant le départ de M. de Curzay, l'évêque vint avec lui, me faire une visite. La conversation roula spécialement sur des intérêts de fabriques ou sur des choses indifférentes. Je mis, dans la réception, le respect et la déférence qui était dans les convenances, et je rendis, en temps utile, les visites dont on m'avait honoré.

Le conseil de préfecture était, comme je l'ai déjà exprimé, composé d'hommes de parti et dominé par un sieur Bourbon, congréganiste fougueux. Il prit une foule de décisions qui excluaient de la liste électorale des personnes qui avaient des droits incontestables pour en faire partie. Je présidais alors un comité qui était en relation avec la société *Aide-toi, le Ciel t'aidera*. C'est M. Courpon, qui était notre intermédiaire. Je lui rendais compte de nos opérations et mes lettres étaient communiquées à la société, où se trouvaient messieurs Guizot, Casimir Périer, Martignac et une foule d'autres honorables hommes politiques. J'eus à faire appel d'une foule d'arrêtés du conseil de préfecture, qui furent annulés par la cour royale, sur les plaidoiries de M. Abel Pervinquière, qui, dans cette occasion, se montra vigoureux et désintéressé. Je retrouve la correspondance de cet honorable avocat, qui prouve que j'eus à soutenir les prétentions d'une trentaine d'électeurs domiciliés dans toutes les parties du département. On ne peut se faire une idée de la fureur que je soulevai contre moi, de la part des conseillers de préfecture et du secrétaire général Duplantis. Je dois dire que j'étais chaudement secondé par M. Tireau, bâtonnier de l'ordre des avocats, mon honorable et courageux ami. Nous étions alors au mois de juin 1830.

Cette année-là, du moins, nos efforts furent couronnés de

succès. Je pus annoncer à M. Courpon que la Vendée fournirait cinq députés constitutionnels ; il en fut surpris et joyeux. Cette assurance, portée à la réunion Casimir Périer, général de Ségur, Martignac, etc., y causa une grande satisfaction.

Voici comment nous pûmes, à l'aide des encouragements que nos appels avaient donnés aux électeurs, organiser les opérations. Dans chaque canton, quelques hommes parfaitement sûrs, formèrent la liste des électeurs sur lesquels nous pourrions compter, et nous apportèrent ce travail. Le comité avait arrêté d'avance la composition du bureau, de manière à prévenir les infidélités du président, dont ce misérable Guérin s'était autrefois audacieusement rendu coupable. Le secrétaire du collège de Bourbon fut M. Tireau ; les scrutateurs, dont je ne me rappelle pas les noms, ne furent désignés qu'au nombre de trois. Le quatrième nom fut réservé pour un signe de reconnaissance. Sur les listes cantonales, on écrivit, en face de chacun, le nom de reconnaissance qu'il aurait à placer en tête de son bulletin, puis venaient les noms des trois scrutateurs convenus.

Un des commissaires de chaque canton tenait sa liste ouverte pendant le dépouillement du scrutin et s'assurait que ceux qui y étaient inscrits avaient voté conformément à leurs promesses. Pas un ne fit défection. Au scrutin du lendemain, M. de La Douespe, notre candidat, fut élu, au préjudice du comte de Chabot, président du collège. Celui-ci, avant de lever la séance, fit un petit discours où, déplorant les divisions politiques qui affligeaient tous les bons citoyens, il se consolait de l'échec qu'il venait de subir, en pensant que son heureux compétiteur ne voudrait pas plus que lui voir trembler la terre sous ses pas, etc.

Quelques jours après, le grand collège, qui avait à élire deux députés, se réunit le 4 juillet 1830. Delange, M. Laval, de Fontenay et moi y exercions une influence décisive. Je crois que le collège fut présidé par M. le duc de Fitz James. Je fus nommé secrétaire, et messieurs Delange, Laval et Marchegay de Lousigny furent élus scrutateurs. Comme pour le collège d'arrondissement, le quatrième scrutateur fut respecté ; il avait été laissé, afin dè le pouvoir remplacer sur chaque bulletin par un nom de reconnaissance ; à cet égard les ultras nous imputaient une diabolique adresse.

Ces élections avaient lieu après la dissolution de la Chambre élective, qui, au nombre de 221, avait voté une adresse que le roi Charles X avait refusé de recevoir. Le mot d'ordre du parti constitutionnel était la réélection des 221. Il arriva que M. Auguste de Saint-Aignan, député de Nantes, fut remplacé, à Pont-Rousseau, par M. Lévesque, maire de Nantes, qui avait, à ce qu'il paraît, acheté ce résultat par d'énormes sacrifices.

Nos amis, en nous apprenant cet échec, nous sollicitèrent, nous pressèrent de porter M. de Saint-Aignan au grand collège de la Vendée. Ce grand collège se composait des plus imposés des électeurs inscrits jusqu'à concurrence du quart, ayant déjà voté dans les collèges d'arrondissement. Ils étaient appelés, par un privilège bien critiqué et bientôt aboli, à émettre un double vote.

La réélection des 221 était une mesure de parti de la plus haute importance ; nous le sentîmes et nous patronâmes M. de Saint-Aignan. Il y eut, le soir même de notre triomphe pour la formation du bureau du collège, une réunion préparatoire, à l'hôtel de France, pour l'élection des deux députés à nommer. Nos candidats étaient messieurs Duchaffault et de Saint-Aignan. M. Perreau, ancien député fougueux du côté gauche, aspirait aussi à la députation, et il avait des partisans ; mais il comptait des adversaires ; il existait, dans la majorité de l'assemblée, une nuance d'opinion monarchique modérée que M. Perreau eut mal représentée. Le scrutin préparatoire eut lieu ; messieurs Duchaffault et de Saint-Aignan, élus candidats, furent, le lendemain, nommés à une grande majorité.

La députation fut donc composée ainsi : Fontenay, M. Laval ; Les Sables, M. Kératry ; Bourbon, M. de La Douespe ; grand collège, Messieurs Duchaffault et de Saint-Aignant ; cinq députés constitutionnels. Ce résultat causa, à Paris, une grande joie, et m'y signala comme un précieux soutien de la lutte nationale engagée avec le ministère Polignac.

Au moment où les députés allaient se rendre à Paris, survinrent les ordonnances du 25 juillet 1830, qui abolissaient la liberté de la presse, privaient les patentés du droit électoral, et convoquaient de nouvelles assemblées électorales, etc.

Ces ordonnances produisirent partout une redoutable explosion de mécontentement ; mais à Paris, une résistance

armée amena le renversement du gouvernement. Le duc de
Raguse, en se retirant sur Versailles, rencontra M. de La
Tour du Pin, de qui je tiens le propos, et lui dit : « Tout est perdu ! Cent cinquante mille hommes ne réduiraient pas Paris ! »
En effet, la population entière était engagée dans la résistance ; des fenêtres, on jetait sur les troupes des meubles, des
cheminées de marbre et toutes les rues étaient barricadées.
Heureusement, le duc d'Orléans, malgré la vive résistance qu'il
opposa d'abord aux députés, consentit, sur les supplications
de sa sœur, à accepter d'abord le titre de lieutenant général
du royaume et celui de Roi des Français.

Pendant ce temps, le préfet de la Vendée s'était enfui et
nous avions créé une Commission départementale qui fut
nommée par tous les notables habitants de la ville et ceux
qui y étaient accourus des campagnes. M. Tireau fut le premier élu ; j'arrivai le second ; puis venaient le docteur Bouchet, Robert Dubreuil et Touzeau. La présidence me fut défé-
rée par Tireau et Touzeau, car les deux autres commencèrent
par s'abstenir. Robert nous rejoignit après le passage du
général Lamarque qui loua notre énergie. L'adresse que nous
avions votée, fait couvrir de signatures, fut envoyée à M. de
Saint-Aignant qui la déposa à la Chambre et en fit insérer les
principaux passages dans les journaux les plus répandus.
Cette adresse restera avec la correspondance de messieurs
Duchaffault et de Saint-Aignant à l'appui de ce récit ; j'en
étais l'auteur.

Les Vendéens, d'abord attérés par la spontanéité des mouvements de la capitale, reçurent sans doute quelques ordres
qui en réunirent un certain nombre à Bourbon. Il y avait là,
à leur dévotion, un capitaine de gendarmerie furieux. Il fit,
avec de nombreux gendarmes appelés des brigades, une promenade dans toute la ville en criant : « Vive le Roi ! A bas
les libéraux ! » En passant devant la fenêtre, où je les regardais avec sang-froid, les cris redoublèrent et on semblait me
menacer ; mais, le lendemain, la contenance n'était plus la
même, parce que les événements décisifs de Paris inspirèrent
la prudence et la réserve. Cependant, notre position ne ces-
sait pas d'être périlleuse et il nous tardait qu'un préfet régulièrement nommé vint exercer l'autorité ; M. Boulay, nommé
préfet, préféra la Vienne.

Comme aux événements les plus sérieux il se mêle quelquefois des choses burlesques, je veux, mes chers enfants, vous raconter une singulière escapade de M. Chabot de Sainte-Hermine.

A une époque où rien n'était encore régulièrement décidé à Paris, il arriva un soir, sur les cinq heures, avec M. le colonel Majou, ancien aide de camp du général Belliard, dans la voiture du courrier, pavoisée du drapeau tricolore. Il annonça qu'il avait mission du gouvernement provisoire, de réorganiser les autorités de la ville. La préfecture était offerte à M. Savin ; la mairie était mon lot ; M. Majou devait prendre le commandement du département ; Ménardeau devenait directeur de l'enregistrement ; Moreau, chef de bureau, devenait secrétaire général, etc. Savin refusa la préfecture, qui me fut alors offerte. Je demandai les pouvoirs en vertu desquels on agissait ainsi. « Je les ai reçus par le télégraphe ! — Je m'en doutais ! ce sont des pouvoirs en l'air et vous me permettrez de ne pas m'associer à votre entreprise. » Ménardeau, Moreau et d'autres avaient donné dans le piège ; mais, après mon refus, tout devint impossible. Il y avait un bataillon en marche pour Nantes ; M. Chabot voulut l'arrêter ; mais inutilement. Il partit cependant et fit arrêter le général Despinois, qui venait de La Rochelle, pour faire prendre les armes aux Vendéens.

Cette scène de Bourbon couvrit M. Chabot de ridicule. S'il avait trouvé des hommes assez effrontés pour le seconder, il est pourtant à croire qu'ils auraient été conservés aux places qu'ils auraient ainsi usurpées, tant on était alors reconnaissant de l'énergie des hommes qui n'avaient pas attendu les événements pour se prononcer. Mes amis me pressaient alors d'aller à Paris où étaient accourus tous les intrigants ; si j'y étais arrivé sans retard, je pouvais prétendre à tout ; mais j'étais retenu à Bourbon par la nécessité de ne pas abandonner l'administration du pays, et puis, je ne voulais pas que l'on me confondit avec cette foule affamée qui allait assaillir le pouvoir.

Mais vers la fin de septembre, alors que M. de Sainte-Hermine, nommé préfet, venait d'arriver à Napoléon, le conseil municipal dont je faisais partie, s'assembla pour nommer les membres d'une députation que la ville voulait envoyer au Roi. Je déclarai avec résolution que je ne voulais pas en être ; on ne m'écouta pas, et sur quinze votants j'eus quatorze suffrages : la garde nationale nomma aussi sa députation et il fallut partir.

Dès les premiers jours qui suivirent la révolution et l'élévation du duc d'Orléans au trône, les députés du département me proposèrent au garde des sceaux pour la place de procureur du roi ; ils demandèrent la préfecture pour Delange. M. Moreau devait être secrétaire général, Messieurs Robert, Tireau et Tardy devaient être appelés au conseil de préfecture. M. Moreau fut, en effet, nommé secrétaire général et délégué pour s'occuper de l'administration, en attendant l'arrivée de M. de Sainte-Hermine. Tireau et Robert furent nommés conseillers de préfecture et bientôt, à la grande satisfaction de ma nièce, je leur fis adjoindre M. Jacques Meunier, son mari, mort, il y a deux ans, encore pourvu de cette fonction.

En me rendant à Paris, je crus devoir passer à Poitiers pour voir le procureur général, auquel j'avais écrit, dès le 14 septembre, pour l'informer que la députation avait demandé pour moi la place de procureur du Roi, et pour en obtenir une présentation : il m'engagea à l'aller voir à Paris, où il devait se rendre sous trois jours ; dit qu'il verrait la députation et que tout s'arrangerait.

Perreau, qui était fort lié avec M. Dupont de l'Eure, alors garde des sceaux, profita de sa position pour inculper ma conduite politique et, malgré les services que j'avais rendus et la fermeté honorable de mes principes, les députés ne purent vaincre la résistance du garde des sceaux, qui consentit seulement à me nommer juge d'instruction. Ma première parole, à cette nouvelle, fut que je n'accepterais pas cette place ; mais mes amis me pressèrent tellement, en me disant que je ne resterais pas longtemps là, que je me décidai à accepter.

Je retrouve les lettres que j'écrivis de Poitiers et de Paris. On verra, par ces lettres, auxquelles le temps a donné de l'intérêt, combien la politique était alors périlleuse. Le parti qui a triomphé en 1848, rêvait dès lors le bouleversement de l'ordre, pour courir après l'anarchie républicaine. En réalité, je trouvai à Paris l'accueil le plus cordial et le plus honorable, chez M. Courpon et chez les hauts personnages auxquels il avait eu à communiquer mes lettres, un peu avant la révolution de 1830. Le général de Ségur, M. Martignac, M. Calmon, auxquels je fus présenté par messieurs Courpon et Bessières, furent pour moi d'une charmante amabilité. Cela m'autorisa plus tard à m'adresser à M. de Martignac, pour le prier de m'appuyer près de M. le garde des sceaux, pour la place de procureur du Roi, à laquelle je voulais arriver, non par cupidité assurément, mais pour avoir, sur mes vils détracteurs, un dessus définitif.

La députation envoyée à Paris fut présentée au Roi par messieurs de Saint-Aignan, Kératry, et Duchaffault. C'est M. Renaud, commandant de la garde nationale, qui fut chargé de lire l'adresse. La réponse du Roi, qui n'avait point eu connaissance de cette adresse, fut éloquente, chaleureuse, émouvante. J'en exprimai mon sentiment à ces messieurs qui répondirent : « Dix-sept députations ont été présentées avant vous, et il leur a parlé avec la même facilité ; c'est un homme étonnant et supérieur. » M. de Saint-Aignan, qui me tenait sous le bras, me dit ensuite en confidence : « Le roi nous disait l'autre soir : Comment trouvez-vous Dupont de l'Eure, qui prétend être plus libéral que moi ? » Cela nous fit un peu rire.

Une adresse de moi devait être présentée à la Reine. M. Renaud, probablement intimidé, ne s'approcha pas même de Sa Majesté et force nous fut de nous retirer avec lui.

Cela me rappelle que nous avions fréquemment à nous occuper des intérêts de la ville ; nous voulions surtout obtenir l'édification d'une caserne qui pût assurer la perpétuité de notre établissement militaire. Cela exigeait des mémoires, dont la rédaction était confiée à M. Savin et à moi.

Quand Savin, Duchiron, Duchaine eurent leurs nominations dans la magistrature, ils n'eurent rien de plus pressé que de partir. J'étais, je puis le dire sans fatuité, l'âme de cette députation pour toutes les démarches à faire, parce que j'avais beaucoup plus d'habitude qu'eux en cette matière. Le maréchal Gérard, ministre de la guerre, après une réception très polie, nous renvoya à traiter la question de la caserne avec le général Axo ou Haxo, directeur du génie militaire. Je ne pus déterminer personne à rester pour couler cette affaire à fond. « Voilà ce que c'est, dis-je ; vous m'avez amené ici malgré moi et vous m'y laissez au moment où j'aurais besoin de vous ; n'importe, je resterai seul, puisqu'il le faut. » M. de Saint-Aignan eut alors l'obligeance de m'accompagner chez le général Haxo, au ministère de la guerre, où, après bien des difficultés et ma menace de rester jusqu'à solution, il promit de faire au ministre un rapport favorable, mais à la condition consentie par moi et tenue postérieurement, que la ville contribuerait à la dépense pour 120.000 francs. C'était un grand sacrifice pour une ville comme Bourbon ; mais tout son avenir était là ! Elle avait des rentes sur l'Etat ; on les vendit pour solder la subvention et, dans la belle caserne, construite par suite de la décision prise alors, la ville a conservé une garnison de 1.200 hommes.

En sortant de l'audience du Roi, il fallut, à l'imitation des envoyés de tous les départements, aller chez le général Lafayette, l'idole du jour, et recevoir son accolade fraternelle. C'était un vieux brave homme, qui avait puisé en Amérique, lors de son indépendance en 1783, des principes libéraux que sa capacité fort bornée appliquait, contre tout bon sens, à une civilisation avancée qui, évidemment, ne pouvait être gouvernée comme un peuple neuf, sans distinctions aristocratiques et maître d'un territoire immense plus que suffisant pour satisfaire toutes les ambitions.

M. Courpon avait pour associés commanditaires messieurs Bessières, mort pair de France, et de Montessuy. Ce dernier avait fait sa fortune dans les fournitures ; il pourvoyait encore l'hôpital du Gros Caillou ; mais il possédait le beau château et la terre de Juvisy, où j'eus plusieurs fois le plaisir d'être reçu. Son fils s'est donné le titre de comte et représente maintenant la France comme ambassadeur à Turin, je crois ; sa sœur se maria promptement avec M. le comte de Nieukerque, en ce moment directeur des Beaux-Arts ou du Musée, et, dit-on, l'amant de la princesse Mathilde.

A mon retour à Bourbon-Vendée, j'arrivai bien las du rôle de solliciteur qu'il m'avait encore fallu jouer, tant pour la ville que pour moi. La place de procureur du roi étant vacante, par le refus d'acceptation de M. Greleau, professeur en droit, à qui elle avait été donnée, André, substitut, exerçait alors ces fonctions.

Au moment des événements de juillet, il était allé à l'audience de la cour royale, en armes et couvert, arracher un avoué de la barre en lui disant : « Que faites-vous ici ! Ces gens-là n'ont plus le droit de juger. » J'exerçai assez tranquillement, mais laborieusement, pendant trois mois environ, les fonctions de juge d'instruction. Outre les inculpés ordi-

naires, j'eus à poursuivre Madame de Cornulier, des environs
de Montaigu, qu'André inculpait d'embauchage, de propos
séditieux, sur la dénonciation d'un juif militaire, nommé
Lévy. Un jour que j'avais à entendre ce dernier, André vint
dans mon cabinet. Cela lui était arrivé et je n'y avais pas fait
attention, mais comme il s'agissait d'une matière politique,
je crus qu'il y avait là intention blessante pour moi ; je le
laissai debout un moment, sans vouloir commencer à entendre
le témoin, et, voyant qu'il s'obstinait à rester, je pris un
fauteuil et dis vivement : « Asseyez-vous là, Monsieur, vous
serez plus à l'aise pour me surveiller. — Monsieur j'ai le
droit d'être ici. — Non, vous n'en avez pas le droit, et f...
vous n'y resterez pas. » Force lui fut bien de se retirer en
déclarant qu'il allait en écrire au procureur général. « Moi
aussi, Monsieur, répondis-je » ; et en effet j'écrivis sans
retard André fut blâmé ! Cela ne pouvait être autrement.
Quelques jours après, il me demanda, par ordre du procureur
général, un mandat d'amener contre Madame de Cornulier ;
je le refusai, parce que c'était une vexation inutile et impolitique. Je me hâtai d'informer de mes motifs le procureur
général et même le garde des sceaux. Madame de Cornulier
fut traduite aux assises, accusée par André, défendue par
un ancien procureur du Roi de Savenay, nommé Guibourt, et
acquittée. M. Montault ayant, à la chambre du conseil,
reproché à André quelques expressions brutales, ajouta :
« Vous n'êtes pas galant ! — Je ne sache pas, répondit André,
que Fouquier Tainville fut galant », puis il sortit ; mais il put
entendre l'explosion d'indignation qu'excita cet audacieux
propos. Aller citer comme exemple à suivre l'accusateur du
tribunal révolutionnaire, qui avait envoyé par centaines, à
l'échafaud, les plus illustres et les plus vertueux citoyens !...
Duchiron, juge, était furieux ! Il le suivit à la porte et
l'apostropha comme il le méritait. C'est pourtant un tel
magistrat que le procureur général fit décorer quelques mois
après ! ! !

Enfin le ministère ayant été changé, je fus immédiatement
nommé procureur du Roi, par ordonnance du 18 mars 1831,
contresignée Barthe, alors garde des sceaux.

Cette nomination me fut annoncée dans les termes les
plus gracieux par Messieurs Courpon, de La Douespe,
Duchaffault.

A l'occasion de cette élévation à un siège que j'avais fortement désiré précisément parce qu'on voulait m'en éloigner,
les félicitations les plus chaleureuses, verbales et écrites, me
furent adressées. Une de celles qui me fit le plus de plaisir
fut celle de M. Abel Pervinquière, célèbre avocat de Poitiers
dont j'ai déjà parlé. Après quelques phrases trop obligeantes
sur ma capacité, il ajoutait : « Cet acte de justice est la récompense méritée des services que vous avez rendus. à la cause
constitutionnelle. »

J'arrivai donc au parquet de Bourbon-Vendée, malgré mes
détracteurs, et à la satisfaction des honnêtes gens. C'était
un poste difficile pour tout le monde en Vendée, et qui se
trouva bientôt pour moi hérissé de difficultés. Si j'avais
sagement apprécié ma position, j'aurais entrevu qu'ayant
été le conseil de toute la noblesse vendéenne, les ultra-
libéraux m'auraient en suspicion. En accomplissant mes
devoirs avec fermeté et impartialité envers cette portion du
parti légitimiste qui déjà se remuait, leurs antagonistes,
ceux qui avaient acheté leurs biens, devaient trouver que je
n'en ferais jamais assez ; les autres, au souvenir de relations
confiantes, polies, quelquefois affectueuses, devaient accuser
mon administration, quelque modérée qu'elle fût, d'une
exagération blâmable.

Noté à Paris comme je l'étais, à l'époque où éclata la
révolution de 1830, j'aurais pu obtenir dans l'administration
ou les finances, une belle position.

Mais j'étais si bien à Bourbon-Vendée, j'y jouissais, je puis
le dire, de tant de confiance, d'affection, de considération,
que je pouvais aisément me consoler des atteintes de l'envie
et des scélératesses de la calomnie.

Ensuite je possédais une maison charmante, une fortune
immobilière importante qu'il fallait liquider, des relations de
famille auxquelles je tenais ; enfin j'avais confiance en moi-
même. Fort de mes intentions, de l'expérience que j'avais
laborieusement acquise, je me croyais sûr d'occuper les
importantes fonctions qui m'étaient confiées, avec le succès
qui avait signalé mon administration municipale ; mais il
était dans ma destinée de subir de nouvelles épreuves.

Sous les dernières années du règne de Charles X, on fit
voyager la duchesse de Berry dans la Vendée. Le comte de
Mesnard, son chevalier d'honneur, la promena dans tout le

pays insurgé. Dans les châteaux où elle s'arrêtait, on faisait arriver une foule de paysans en sabots, en bonnets, avec des bâtons et de mauvaises armes. Ces gens, que l'on excitait et enivrait, criaient à tue-tête : « Vive le Roi ! Vive la duchesse de Berry ! » et la pauvre princesse, harassée de fatigue, croyait avoir là une armée nombreuse, dévouée, sur laquelle elle pourrait plus tard s'appuyer, s'il en était besoin. Aussi, après l'expulsion du monarque, elle crut pouvoir ramener son fils, comte de Chambord, sur le trône auquel l'abdication de Charles X et celle du duc d'Angoulême lui donnaient le droit de prétendre.

Des ordres furent expédiés aux chefs qu'elle avait honorés de sa visite et qui l'avaient accablée de protestations de fidélité ; presque tous refusèrent, les uns par impuissance, les autres pour ne pas compromettre des pensions chèrement acquises ; mais sous main, on excitait les jeunes soldats à ne pas obéir à l'appel ; on les réunissait, on les alimentait, et de temps à autre, on lançait quelques bandes qui inquiétaient les honnêtes gens, mais surtout les possesseurs de biens d'émigrés.

C'est ainsi qu'au mois d'octobre 1831, j'eus à poursuivre un attroupement de quarante à cinquante individus qui, sous le commandement d'un nommé Gaboriau, étaient sortis de la forêt de La Plissonnière et s'étaient portés à Lousigny, à Frontin, à Saint-Germain, chez M. Magnan, et avaient commis partout des exactions et des enlèvements d'armes. J'étais à La Bonnière, lorsque j'appris ces crimes commis la veille, dans la soirée. Je partis sur-le-champ, seul avec Desgrois, père de mon gendre, qui me quitta vers Les Grois. Je suivis pas à pas tous les lieux que les réfractaires ou les chouans, comme ils se nommaient eux-mêmes, avaient parcourus, rédigeant procès-verbal de leurs coupables actions.

Puis je me rendis à Chantonnay, où je continuai l'instruction. M. de Bagneux, appelé comme témoin, soldait, nourrissait la bande sortie de sa forêt ; j'en avais la conviction ; mais il m'en fallait la preuve. Il prétendit n'avoir rien vu, si ce n'est deux soldats déguisés que l'on avait envoyés là, à ce qu'il disait du moins.

A mon retour à Bourbon-Vendée, M. de Sainte-Hermine, le préfet, qui avait peu de moyens, me dit en goguenardant : « Il paraît que M. de Bagneux vous a mystifié ? — Mystifié, m'écriai-je ! C'est une action que je ne souffrirai jamais de personne. M. de Bagneux, homme de parti, que la conspiration Blanchard m'a appris à connaître, n'a pas dit la vérité; voilà tout. Quant à vouloir se jouer de la justice, je ne lui conseillerais pas d'y prétendre ! » M. de Sainte-Hermine vit bien qu'il était allé trop loin et il balbutia quelques mots pour expliquer que j'avais mal interprété sa pensée. Dès ce moment, cependant, je le tins pour suspect. Sa position était bien plus fausse que la mienne ; il avait des liaisons de famille, des relations de société avec une foule de vendéens ; un de ses gendres, M. de La Fenêtre, avait été aide de camp du général Louis de La Rochejacquelin, tué aux Mathes, dans le marais nord-ouest de la Vendée : au reste la suite me prouva promptement que je l'avais bien jugé.

Gaboriau, le chef de la bande, fut arrêté, traduit aux assises, condamné aux travaux à perpétuité ; mais l'arrêt fut cassé et l'accusé renvoyé devant une autre cour où le procureur général Gilbert Boucher alla porter la parole. J'avais fait, dans cette affaire, un rapport qu'on avait généralement qualifié de remarquable.

J'y ajoutai les notes qui m'avaient servi lors de la condamnation de cet homme. Le procureur général, qui me les avait demandées dans un voyage à Bourbon, en fut très content et m'en fit de grands remerciements. Il obtint aussi une condamnation et quelques années après Louis-Philippe fit grâce.

Une autre bande de chouans se porta bientôt à Saint-Martin-des-Noyers, chez les frères Cacaud, où ils se livrèrent aux plus coupables violences et à des vols ; poursuivis par un détachement de troupes régulières, l'un d'eux fut tué. Je partis sans retard avec des gendarmes et quelques gardes nationaux à cheval. J'étais toujours obligé de procéder seul, parce que M. Rouillé, âgé et peureux, refusait de m'accompagner. L'instruction, du reste, n'en était que plus rapide ; plusieurs de ces bandits avaient été reconnus et quelques-uns furent arrêtés et jugés.

Des mouvements se produisaient de toutes parts ; les juges de paix, que j'avais fortement assujétis à des rapports fréquents et sincères. me tenaient soigneusement informé de tout, et il s'établit, dans l'opinion, que l'autorité judiciaire faisait seule son devoir.

Cette vigilance, les condamnations survenues avaient comprimé les tentatives de désordre. Néanmoins, il y avait une agitation sourde et de coupables projets. Des dénonciations m'étaient souvent adressées et ne pouvaient être justifiées ; cela était lassant, particulièrement pour le juge d'instruction, qui n'agissait que forcé par mes réquisitions. Il y avait, dans le marais nord-ouest, une bande armée, commandée par un nommé Blanchard, qui troublait le pays et inquiétait l'autorité. Cela se passait loin et hors de mon arrondissement ; je n'avais pas à m'en occuper. Mais le procureur général tenait énormément à faire juger Blanchard et quelques-uns de ses compagnons de désordre, sur l'accusation qui avait été portée contre eux.

Il vint à Bourbon, et après maintes conférences avec le préfet et le général Rousseau, on fit écrire par ce général à un chirurgien militaire, qui, dans le marais, avait rendu les plus grands services aux malades et acquis, par ce moyen, une immense influence, qu'il tâchât de se mettre en rapport avec Blanchard et ses chouans et de les déterminer à se constituer prisonniers. « Vous pouvez les assurer, disait le général, que leur premier pas vers Bourbon sera le signal de leur liberté ; j'ai à cet égard la parole du procureur général. » Ce chirurgien, homme d'honneur et d'intelligence, obtint promptement la soumission des accusés et les amena à Bourbon.

Lors de l'interrogatoire préliminaire, on leur donna des défenseurs d'office. C'est toi, mon cher Jules, qui fus l'avocat de Blanchard, principal accusé. Cette grave affaire devait commencer ta réputation. Blanchard ne s'était rendu que sur une lettre qui lui promettait positivement sa grâce. A l'audience de la cour d'assises, présidée par M. Garreau, le procureur général prit des conclusions pour obtenir la remise de cette lettre. Jules, qui l'avait, s'y opposa, par le motif que son client ne s'était constitué que sur la confiance des promesses renfermées dans cette lettre ; la cour lui donna raison. Ce procureur général était au-dessous de sa position ; il fut pitoyable pendant cette discussion et Jules le battit complètement. Mais les passions étaient excitées au plus haut point, par les excès des chouans. Blanchard et complices furent condamnés à mort. Cette sentence terrible ne pouvait être exécutée ; et en effet sur les mémoires adressés au garde des sceaux, qui avait déjà été vivement impressionné par les récits des journaux, la peine fut réduite à une simple surveillance de la haute police.

Le 5 novembre 1831, j'allai, dans la soirée, faire une courte visite à la préfecture. M. de Sainte-Hermine me dit, en matière de conversation : « Un officier en garnison à Mortagne m'a écrit pour m'informer que Madame de La Rochejacquelin avait fait venir et enfouir dans une de ses métairies, deux caisses de pierres à fusil ; il me cite même le nom du voiturier qui les a transportées ; mais nous avons été si souvent trompés, ajouta-t-il, que je n'ai pas cru devoir donner suite à cette révélation. » Toutes les dames de la préfecture et M. de La Fenêtre, ancien aide de camp de M. Louis de La Rochejacquelin, étaient là. Je ne voulus pas avoir l'air de donner une grande attention à la déclaration du préfet. Mais lorsqu'il vint me conduire dans la salle de billard, je lui dis : « Je crois, M. le préfet, que la dénonciation de cet officier de Mortagne sort du cercle des contes en l'air dont nous avons été trop souvent assourdis ; je vous engage à m'en écrire ; je ferai vérifier le fait articulé. »

Le même soir, lettre du préfet m'informant officiellement de la dénonciation et me requérant, aux termes de l'article 10 du Code d'Instruction criminelle, de faire opérer une perquisition des caisses de pierres à fusil, à la métairie de Ribion, commune de La Gaubretière, où elles auraient été enfouies par les soins de M. Thibaud de La Pinière, ancien émigré.

Le même soir, je me rendis chez M. le juge d'instruction, auquel je donnai connaissance de la lettre du préfet, en lui proposant son transport et le mien sur les lieux. M. Rouillé s'y refusa positivement ; il était réellement surchargé d'affaires, âgé et hors d'état de faire un pareil voyage. Je ne pouvais l'entreprendre seul, puisqu'il ne s'agissait pas d'un flagrant délit. Force me fut d'accepter une commission rogatoire pour M. Bussière, lieutenant de gendarmerie aux Herbiers ; nous ne pouvions employer le juge de paix de Mortagne, l'honorable M. Deshaumelles, parce qu'il avait eu d'intimes relations avec la famille de La Rochejacquelin. Dès le 6 novembre, j'adressai la commission rogatoire à M. Bussière, par dépêche cachetée contenant toutes les instructions nécessaires pour en assurer l'exécution ; notamment je lui disais : « Si l'opération vous mettait sur la trace d'un complot sérieux, si vous entrevoyez la possibilité d'arriver à ceux qui l'auraient ourdi et si ma présence vous semblait nécessaire, envoyez-moi, sur-le-champ, une ordonnance ; je ne me ferai pas attendre. » Puis, dans une lettre particulière, je lui prescrivais de ne décacheter ma dépêche officielle qu'au bourg de La Gaubretière, où il aurait à se rendre le plus tôt possible, en force, en y appelant l'officier qui, de Mortagne, avait donné au préfet l'avis qui motivait la poursuite.

Le lieutenant de gendarmerie reçut mes dépêches le 7 novembre ; mais il ne put aller à La Gaubretière que le 9, parce qu'il avait dû prévenir l'officier de Mortagne. Rendu à La Gaubretière, où il trouva cet officier, il requit le maire et se transporta à la métairie de Ribion. On se livra à des perquisitions, sans trouver les caisses de pierres à fusil. Mais un gendarme, muni d'une fourche, ayant voulu s'en servir pour chercher dans un four, une petite voix féminine cria : « Ne piquez pas ! ne piquez pas ! » Alors sortirent de ce four, couvertes de suie, Madame la comtesse de La Rochejacquelin et Mademoiselle de Fauveau, sa compagne. Le lieutenant de gendarmerie saisit un poignard que laissa tomber la comtesse et, sur sa demande, il la fit conduire, avec sa compagne, au château de Landebaudière, où il donna ordre de les garder à vue. Cela se passait, à ce qu'il paraît, sur les 9 à 10 heures du matin.

Le lieutenant de gendarmerie continua la perquisition, en respectant 15.000 francs en or, renfermés dans une boîte en fer blanc, appartenant à la comtesse, ce qui était mentionné sur la boîte. Puis, sur les cinq heures. il m'expédia une ordonnance qui m'informait de l'inefficacité de la visite et de l'arrestation des dames. La dépêche me fut apportée le 9 novembre, à onze heures et demie du soir, par M. Fourré, capitaine de gendarmerie, qui, pendant la Restauration, avait été condamné, par contumace, deux fois à mort. Cet officier. plein d'énergie et néanmoins sage et modéré, me proposa de m'accompagner à La Gaubretière. J'acceptai avec grand plaisir cette assistance et pendant qu'il eut l'obligeance d'aller commander des chevaux de poste, je fis préparer ma voiture. A six heures, nous étions aux Herbiers, où nous prîmes des chevaux de gendarmes et un détachement d'infanterie. Mais ces hommes à pied nous retardaient, et nous nous décidâmes à prendre les devants.

C'était une imprudence, en ce que des coups de fusil pouvaient bien nous être adressés ; mais mon compagnon n'était pas craintif, et c'est sur ma demande que nous prîmes les devants.

En arrivant à La Gaubretière, avant huit heures, nous apprîmes que le lieutenant Bussière était à continuer ses perquisitions, non plus à Ribion, où il avait inutilement opéré toute la journée précédente, mais à La Jambière, autre métairie de Madame de La Rochejacquelin. En arrivant là, mon premier soin fut de dire au lieutenant : « Et vos prison nières, sont-elles bien gardées ? — Soyez tranquille, me dit-il, elles sont gardées à vue. — C'est égal, repartis-je, envoyez annoncer notre arrivée et recommandez qu'on redouble de surveillance. » Puis, le prenant à part, j'ajoutai : « Quant à présent, je n'ai pas moyen de les interroger ; car, se cacher dans un four est chose fort ridicule ou fait supposer des craintes sérieuses, mais ce n'est pas un délit. »

Je pris ensuite le métayer de La Jambière en particulier, et je lui fis comprendre que son intérêt était de me dire la vérité : « Sans cela, dis-je, on va bouleverser vos pailles, fourrages, bois, etc. » Vous savez, mes enfants, de quelle confiante estime je jouissais dans ce pays-là, où se trouvaient la terre de votre mère et les biens de Beaurepaire. Aussi le brave métayer me comprit parfaitement et m'affirma qu'il n'avait rien, ajoutant : « Si j'avais quelque chose, foi d'honnête homme, je vous le dirais. »

Je ne voulus pas, cependant, interrompre l'opération ; je la laissai continuer par le lieutenant, tout en lui recommandant d'y mettre une grande réserve, parce que j'étais convaincu qu'il ne trouverait rien.

Puis je me transportai, avec le capitaine Fourré et le maire de La Gaubretière, à la métairie de Ribion, où le lieutenant avait heureusement laissé en observation une partie de son escorte.

A peine étais-je rendu, que le métayer, Murzeau, excellent homme, aimé, estimé de tout le monde et membre du conseil municipal, me dit combien il était heureux de me voir ; puis il me fit comprendre qu'il souhaitait me parler en particulier.

Dans la boulangerie où nous passâmes, il me dit sur-le-champ : « Monsieur Tortat, je me fie en vous ; je vais tout vous dire. Les pierres à fusil sont là et bien d'autres choses. Que vouliez-vous que j'eusse fait quand Madame me demandait de les cacher !... J'ai bien du malheur de me trouver à son service ! » Et il se mit à pleurer. — Mon Dieu, mon pauvre Murzeau, votre position me fait grand'peine ; je ne vous demande pas vos confidences ; mais je sais que vous avez les choses que nous cherchons ; je les trouverai, dussé-je passer huit jours ici. Voyez, réfléchissez !... Je ne veux pas de reproches. — Si, Monsieur, je veux tout vous dire ; mais rudoyez-moi, faites comme si je refusais de parler, car si on venait à savoir que je les ai livrés, ils me tueraient ! » Puis il me donna des indications telles que je fus promptement à même de rendre mes perquisitions très significatives.

Les pierres à fusil et des poudres, renfermées dans des bouteilles gaudronnées, avaient été cachées dans un champ de seigle, haut alors de 25 à 30 centimètres. L'endroit était indiqué par trois tiges de navets ; il fallait les savoir là pour les découvrir. Aussi le pauvre homme, en me faisant sa confidence, me disait : « S'il n'y avait qu'eux ici (les soldats), ils ne seraient pas f... pour les trouver. »

Je sortis en poussant ce malheureux à un caporal : « Tenez, lui dis-je, c'est un brigand comme les autres ! Je le croyais raisonnable ; pas moyen d'obtenir un mot de vérité ; prenez quatre hommes et gardez-le à vue jusqu'à son départ pour Bourbon-Vendée ! — Que voulez-vous, Monsieur, que je vous dise ? Je n'ai rien vu et je ne sais rien. — Cela se verra ! et vous serez traité comme vous le méritez ! »

J'avais le cœur navré et le brave homme semblait me remercier. Je fis alors prendre aux soldats des fourches, des bayonnettes de fusils, des baguettes, et je leur dis : « Allons, mes enfants, venez avec moi. Puisqu'on a inutilement cherché dans la maison, cherchons dans les jardins, dans les champs, s'il le faut. »

On sonda avec soin les alentours de la maison, puis je les entraînai peu à peu près du ruisseau à l'ouest, le long duquel s'étendait un champ de seigle de deux hectares au moins. Les soldats sondaient sans arriver au lieu où je voyais les tiges de navets. « Voyez donc, leur dis-je, en jetant une pierre ; il me semble qu'il y a là une certaine élévation. » Ils s'y portèrent immédiatement et l'un d'eux s'écria : « Il y a quelque chose ici ! » Bientôt deux caisses contenant

20.000 pierres à fusils et une cinquantaine de livres de poudre furent mises dehors et apportées à la métairie.

Cela me détermina alors à saisir les 15.000 francs en or renfermés dans la boîte de fer blanc que le lieutenant avait laissée au métayer.

Un officier était occupé à compter cet or, lorsque le lieutenant arriva, pâle comme sa chemise, et me dit : « Madame de La Rochejacquelin est partie !... — Comment, lui dis-je, moi qui, en arrivant, vous avais si bien recommandé de redoubler de surveillance — Elle est partie de cette nuit. — Mais vous m'avez dit qu'elles étaient bien gardées ! — Ce n'est pas ma faute. A deux heures, poursuivit-il, un gendarme l'a encore entendue donner des ordres à ses gens. »

J'éprouvai, mes chers enfants, dans cette circonstance, dont je compris sur-le-champ la gravité et le péril, un sentiment d'indignation difficile à peindre ; ce contre-temps m'arrivait précisément lorsque j'avais des preuves positives d'un complot de guerre civile. Je donnai, sans retard, un signalement à porter aux brigades environnantes, et l'ordre au capitaine Fourré de pratiquer au château les perquisitions les plus minutieuses, de faire fouiller les hommes de garde, pour y rechercher les preuves d'une corruption possible.

Quant à moi, je dus rester à Ribion pour y continuer les perquisitions. Nous trouvâmes des armes, une presse lithographique, les porte-manteaux destinés à Madame de La Rochejacquelin et à Mademoiselle de Fauveau ; ils contenaient des pistolets, des munitions, des couvertures et des ustensiles de bivouac et sept à huit cents francs en or dans chaque valise.

Pendant ce temps, les soldats restés au château de Landebaudière, furieux d'avoir été joués par la comtesse et des soupçons élevés contre eux, se livrèrent dans les bâtiments, le parc et les jardins, à des recherches qui produisirent des armes et des poudres ; il fallut une lourde charrette pour emmener à Bourbon les objets découverts et saisis.

J'ai su depuis comment la comtesse s'était évadée. Chaque fois qu'on lui apportait des aliments ou des calmants dont elle disait avoir besoin, les femmes de service lui laissaient une partie de leurs vêtements ; quand elle en eut assez pour se déguiser, elle sortit de l'appartement où on l'avait consignée, emportant des vaisselles et pour sortir ensuite de la maison, elle prit une courge et deux buies (des cruches) pour aller puiser l'eau. « Où vas-tu ? dit la sentinelle. — Il m'en vas tercher de l'aivre ! — Tâche de n'être pas longtemps ! — Y compte ben me presser, soyez pas inquiet. » Ce puits étant assez loin du château, elle put, à l'aide des ombrages du parc, facilement parvenir à une porte donnant sur la campagne, où M. Armand Duchillou la prit en croupe sur son cheval et la conduisit chez M. de La Roche Saint-André, d'où elle passa en Italie.

Après la rédaction de mon procès-verbal à Ribion, je fis arrêter Murzeau. Le malheureux sentait lui-même la nécessité de cette mesure. Je me rendis ensuite au château où j'eus à dresser procès-verbal des découvertes faites par les soldats ; puis je procédai à l'interrogatoire de Mademoiselle de Fauveau et ordonnai sa translation à Bourbon-Vendée. Elle n'avait pas eu connaissance de l'évasion de Madame de La Rochejacquelin qui remontait à la soirée précédente, vers neuf heures, conséquemment antérieure de deux heures et demie à l'arrivée de l'ordonnance de gendarmerie que je n'avais reçue qu'à onze heures et demie. Je fis aussi arrêter quelques domestiques du château ; Mademoiselle de Fauveau était mécontente que Madame de La Rochejacquelin fut partie sans l'en prévenir ; elle me le témoignait en termes fort vifs.

Le capitaine Fourré, satisfait au dernier point du résultat de l'opération, dont le succès était évidemment dû à l'influence que j'exerçais dans ce pays-là, me disait : « C'est un grand malheur que la comtesse soit parvenue à s'échapper ; mais si elle devait être condamnée à mort, je ne serais pas fâché qu'elle se soit donné de l'air. — Ni moi non plus, disais-je ; mais elle ne courrait pas ce danger ; le Roi, qui a fait grâce aux ministres, ne ferait pas périr une femme comme celle-ci. »

En arrivant à Bourbon-Vendée, où nous pensions recevoir de grands compliments, qui certainement nous étaient bien dus, quel fut notre étonnement d'entendre le général Rousseau, qui venait au devant de nous, dire : « Vous avez donc laissé échapper Madame de La Rochejacquelin ? — C'est cela, dis-je ; …il ne manquait plus que cette infamie !… Demandez au capitaine Fourré ce qui en est ?…. — Général, lui dit le capitaine, l'imputation que vous nous faites là est indigne ! J'ajoute que non seulement cette évasion nous est étrangère, mais que si nous avons les preuves matérielles d'un complot de guerre civile, cela est uniquement dû à M. Tortat ; c'est lui qui a tout découvert où, pendant toute une journée, on avait inutilement fait des perquisitions ; voilà sa récompense ! »

Dès le même soir, je fis mon rapport au procureur général. Delange, Duchaîne, mes substituts, et Jules en écrivirent, sous ma dictée, chacun une copie ; l'une me resta ; la seconde fut pour le procureur général, la troisième pour le garde des sceaux et la quatrième pour mon ami M. Courpon..

Une chose bien heureuse pour moi, mes chers enfants, fut d'avoir emmené avec moi le capitaine Fourré, que ses antécédents mettaient à l'abri de tout soupçon. Il fixa promptement l'opinion sur la loyauté de ma conduite ; mais cela était bon pour la localité. Ailleurs, on m'imputait l'évasion de la comtesse ; l'Ami de la Charte, de Nantes, imprima même que le fait était certain et que je m'en étais excusé en disant que j'avais cru entrer par là dans les vues du gouvernement. Chose sûre, c'est que le général Bonnet, le général Rousseau et le préfet de Sainte-Hermine firent un rapport qui incriminait ma conduite. Le grand grief était *d'avoir chargé une vieille culotte de peau* d'une opération grave à laquelle j'aurais dû procéder moi-même. J'ai déjà expliqué qu'il ne s'agissait pas d'un flagrant délit et qu'au refus du juge d'instruction d'aller sur les lieux, j'étais dans l'impossibilité de procéder régulièrement seul. Apparemment on y joignit quelques basses calomnies sur ma complaisance présumée en faveur des nobles, dont j'avais eu la confiance.

Pendant ce temps, l'instruction suivait son cours. M. de La Tour du Pin, ramené de Bordeaux, était interrogé. M. Maynard, avocat général, qui tenait alors le parquet, m'adressait des félicitations et des encouragements. Mais le président du conseil, Casimir Périer et le ministre de la guerre, impressionnés par le rapport qu'ils avaient reçu sur cette affaire, qui causait en France une vive sensation, exigèrent, en conseil des ministres, ma révocation. M. Barthe, garde des sceaux, de qui je tiens le fait, s'était rendu au conseil avec un rapport qui m'était complètement favorable ; mais il fallait agir sur l'opinion publique, et force lui fut d'adhérer à la résolution de ses collègues.

L'ordonnance de ma révocation, insérée dans le Moniteur, à la date du 19 novembre 1831, me fut apportée dans la soirée du 21 par mes substituts qui m'embrassèrent en pleurant et en maudissant ceux qui avaient eu l'indignité de surprendre un pareil acte du pouvoir... Je ne puis pas dire que je fus insensible à ce coup ; j'en ressentis au contraire très vivement l'horrible portée...

J'étais par là, signalé à la France comme un traître, et il me fallait à tout prix obtenir réparation de cette odieuse injustice. Néanmoins j'eus un moment de découragement... Sans les consolations de ma chère femme, de mes enfants, de mes amis, de la magistrature, qui tous me prodiguèrent les plus touchantes preuves d'estime et d'affection, je ne sais si je n'aurais pas laissé à d'autres et au temps le soin de me venger. Mais je ne tardai pas à retrouver la force que donne une conscience droite.

Profitant de l'imputation qui m'était publiquement faite, dans l'Ami de la Charte, de Nantes, j'écrivis à l'éditeur de cette feuille, le 26 novembre, une lettre dans laquelle j'expliquais ma conduite avec une netteté qui produisit la plus salutaire impression. Cette lettre fut aussi insérée dans la Gazette des Tribunaux, et dès lors mon âme fut soulagée. J'y avais consigné, avec une énergie dont mon ami Delange, des Sables, pensait qu'on me demanderait compte, un paragraphe qui imputait ma disgrâce aux généraux et au préfet susnommés. « Laissez-les venir, lui répondis-je ; je les attends ! » En effet, je n'aurais pas mieux demandé que de les avoir en face devant une juridiction quelconque ; je les y aurais broyés.

Voici ce passage : « Où chercherai-je donc mes détracteurs ? Il me serait pénible de penser que M. le général Bonnet, M. le comte de Sainte - Hermine, préfet de la Vendée, et M. le général Rousseau, commandant le département, soient, comme beaucoup de personnes le disent, auteurs d'un rapport concerté qui, dénaturant des faits maintenant avérés, incriminant les intentions les plus droites, aurait entraîné l'autorité supérieure dans l'acte de rigueur dont je suis frappé. Des explications sont devenues nécessaires ; j'aime à croire qu'elles suivront de près l'insertion de cette lettre ; il me tarde d'apprendre par quels moyens on est parvenu à présenter comme empreinte d'infidélité, de trahison, la conduite d'un magistrat qui a la conscience d'avoir rempli ses devoirs dans toute leur intégrité. »

Le général Bonnet, sentant sans doute le danger d'engager une polémique sur une imputation si grave, envoya à Bourbon un aide de camp pour enjoindre au général Rousseau et conseiller au préfet de ne pas répondre. En effet, chacun se tut et dès ce moment ils furent tous trois livrés à la réprobation publique.

Sur ma demande pressante et probablement sur l'ordre du garde des sceaux, une instruction fut confiée au conseiller Bourgnon de Layre, qui, accompagné de l'avocat général Béra, entendit force témoins, et il en résulta en ma faveur la justification la plus complète.

Cependant, je restais sous le coup de la révocation et cela ne pouvait me satisfaire. Je profitai de la convocation des Chambres pour remettre à mon parent et ami, M. Marchegay de Lousigny, député, un mémoire explicatif de toute cette affaire, et il se chargea avec un cordial empressement d'en faire usage pour obtenir du garde des sceaux une justice qui s'était déjà trop fait attendre. Mais le ministre, tout en reconnaissant que j'avais été injustement frappé, qu'une réparation m'était due, ne se pressait pas de me l'accorder.

J'étais révolté de ces lenteurs et je me déterminai, quoique malade, à me rendre à Paris où Jules se trouvait. M. Marchegay m'informa de ses instances auprès du ministre et de leur inefficacité. Je demandai alors une audience. Trois jours s'étaient écoulés ; point de réponse ! Le quatrième jour, sur les quatre heures, je rentrais d'une promenade sur les boulevards avec Jules et je maudissais l'injustice des hommes ; tout à coup un messager du ministère de la justice vint me tirer de mon accablement, en me remettant une lettre d'audience pour le lendemain.

Le lendemain, à mon introduction dans le cabinet du ministre, il avait mal entendu mon nom que j'eus à répéter. Alors il s'avança vers moi, me prit les mains en me disant : « Ah, Monsieur Tortat, je vous ai fait bien du chagrin ! — Monseigneur, votre accueil me le fait oublier ; je ne vous en ai jamais voulu de ma disgrâce, parce qu'on vous avait indignement trompé. — Mais pas du tout ! C'est bien malgré moi qu'on vous a révoqué. J'étais allé au Conseil avec un rapport qui vous était tout à fait favorable ; mais M. Casimir Périer et le ministre de la guerre avaient des rapports opposés ; ils étaient furieux ! Il s'agissait d'ailleurs d'agir sur l'opinion. Vous fûtes sacrifié à la politique. Aujourd'hui chacun sait que vous êtes sans torts ; il vous est dû une réparation, vous l'obtiendrez ; que désirez-vous ? — Monseigneur, je suis las des calomnies, des agitations... — Des calomnies ! Qui en est exempt ? — Monseigneur, si vous vouliez me donner une place de conseiller à Poitiers, Rennes ou Angers, vous mettriez le comble à ma reconnaissance. — Ah ! une place de conseiller... Je n'en ai pas à donner maintenant. — Eh bien un parquet dans une grande ville. — Je crois avoir votre affaire. — A qui dois-je m'adresser pour suivre à ce sujet ? — Pas à d'autre qu'à moi. — Je ne demande pas une meilleure protection. — Allez ; d'ici quelques jours vous aurez satisfaction. » Je sortis, vivement touché de cet accueil et en prodiguant les remerciements qu'il exigeait.

Mon honorable ami M. Courpon n'avait cessé d'agir près de M. Joseph Périer, dont il était le principal agent de change, et par celui-ci, M. Casimir Périer avait parfaitement su que d'indignes rapports avaient attiré sur un ami du gouvernement une flagrante injustice et, sur ce que M. Courpon lui avait directement dit sur le général Bonnet et sur M. de Sainte-Hermine, le président du conseil, Casimir Périer, avait dit : « Ah c'est comme cela ! Les faits vont être éclaircis et justice sera faite à qui de droit. » En effet, peu de temps après le général Bonnet fut rappelé et M. de Sainte-Hermine fut envoyé à Moulins.

Le surlendemain de mon entrevue avec M. Barthe, garde des sceaux, M. Joseph Périer dit à M. Courpon : « Envoyez chez moi demain, à onze heures, M. Tortat ; je le conduirai chez M. Renouard », alors secrétaire général du ministère de la justice. Cette visite eut lieu le lendemain, et M. Renouard me dit : « M. le garde des sceaux est disposé à vous nommer procureur du Roi à Saintes. Cela vous convient-il ? — J'aimerais bien mieux une place de conseiller. — Oui, mais il n'y en a pas de vacante et s'il vient à en vaquer, vous aurez à lutter contre des magistrats plus anciens que vous ; les députés nous tomberont sur les bras et vous passerez peut-être six mois à Paris avant d'être placé. — Acceptez, M. Tortat, dit alors M. Joseph Périer, on vous tirera bien de là avant peu si vous le souhaitez. » M. Renouard insista de son côté et je donnai mon adhésion. Le lendemain, ma nomination était au Moniteur. M. Baudry, procureur du Roi à Saintes, passait à la vice-présidence en remplacement de M. Lavialle ; ordonnance du 15 février 1832.

M. Courpon, M. Bessière m'approuvèrent d'avoir donné mon consentement.

Quelques jours plus tard, M. Courpon me conduisit chez le général de Ségur, pair de France, que nous trouvâmes au lit. Je fus étonné de m'entendre féliciter sur ma conduite politique avant et pendant la révolution de 1830 ; puis il ajouta : « M. Courpon et moi, nous vous avons porté l'un des premiers, avec mon neveu, Ségur d'Aguesseau, sur une liste de préfets que nous a demandée M. le président du conseil. » Je saisis la main de M. Courpon et je lui exprimai de mon mieux ma vive reconnaissance. « Mais, ajoutai-je, vous ne m'en aviez pas parlé ; combien votre amitié est active et discrète ! — Allons, dit-il, il ne fallait pas vous donner un espoir qui peut manquer. D'ailleurs ce que j'ai fait est sans doute pour vous, mais aussi pour le bien du service. » Et comme je disais avec sincérité, que je me sentais incapable de remplir des fonctions aussi importantes, je fus rassuré à ce sujet dans des termes certainement supérieurs à mon mérite. Le général ajouta : « Mon neveu est comme vous dans la magistrature ; ce sont des hommes de cette position qu'il nous faut. »

Le général Gourgaud, que j'avais eu l'occasion de voir à Bourbon, pour une élection qui avait manqué, avait conservé un bon souvenir de la bonne volonté que je lui avais montrée. Il demanda et obtint pour moi une audience du Roi, à laquelle je fus admis, pendant qu'il était, en qualité d'aide de camp, de service au château. Sa Majesté m'accueillit avec une grande bonté ; elle m'adressa des paroles de regret sur ce qui s'était passé. « Voilà, dit-elle, comment, par une imprudente précipitation, on commet des injustices. Etes-vous content ? — Sire, j'aimerais bien mieux une place de conseiller. — Eh bien, cela peut se faire ! J'en parlerai au garde des sceaux. — Sire, j'ai ambitionné l'audience que Votre Majesté m'a fait l'honneur de m'accorder, pour l'assurer que je n'ai jamais trahi mes devoirs et qu'elle peut compter sur mon dévouement. — Je sais cela, allons, continuez et on ne vous oubliera pas. » Puis vinrent quelques questions sur la Vendée, auxquelles je répondis de mon mieux, et je fis place à M. Chauveau, que j'avais laissé dans le salon d'attente et qui alla présenter au roi son ouvrage sur le Tarif des frais.

A sa sortie, il s'applaudissait de la réception gracieuse du monarque, qui, en le remerciant, avait ajouté : « Votre ouvrage est une bonne œuvre ; les tarifs sont bons, leur interprétation nécessaire, mais il faudrait les faire exécuter. » M. Chauveau me proposa ensuite d'aller à la Gazette des Tribunaux, pour faire mentionner notre audience ; M. Gourgaud la fit inscrire au Moniteur. Chemin faisant, M. Chauveau, en me félicitant de ma réintégration dans la magistrature, ajouta : « Dès l'apparition de votre lettre du mois de novembre dans la Gazette des Tribunaux, nous nous disions au Palais : « Allons, encore une victime de l'arbitraire ministériel ! »

Enfin M. Courpon, en compagnie d'un envoyé du Dannemark, me conduisit à l'hôtel du président du conseil. A peine m'eut-il nommé que M. Casimir Périer me fit un excellent accueil. Je voulus revenir sur le passé : « C'est inutile, dit-il, les faits sont éclaircis ; vous n'avez rien perdu, ajouta-t-il en me frappant obligeamment sur l'épaule, dans notre confiance ; j'espère vous le prouver avant peu ! » La réception était nombreuse ; tout convergeait alors vers ce grand ministre. Nous prîmes congé et revînmes chez M. Courpon, où Messieurs de Montessuy, Bessières se trouvèrent et tous pensaient que M. Casimir Périer me destinait réellement à une préfecture. Mais quelques mois après le choléra survint, le mois de juin fut souillé d'une émeute redoutable et le ministre fut enlevé à la confiance du Roi et du pays... Adieu aux séduisantes espérances.

Si je n'avais pas eu besoin d'une éclatante réparation et l'espoir de m'asseoir, dans un avenir plus ou moins long, dans un fauteuil de conseiller, je n'aurais jamais consenti à quitter la maison que j'avais bâtie et tout ce qui m'attachait à la Vendée ; mais j'étais dans une position qui excluait toute hésitation.

Je dois consigner ici une circonstance de l'audience que m'accorda M. le garde des sceaux ; après m'avoir dit qu'il

9*

m'était dû une réparation, que je l'obtiendrais, il ajouta :
« Vous ne voudriez pas retournez là bas ? — Non, Monseigneur ; j'ai été le conseil de toute la noblesse du pays, et j'y
retrouverais les calomnies, les difficultés qui m'ont déjà
assailli ; j'aimerais mieux une place de conseiller », etc.

Quant à moi, je suis à une des époques heureuses de ma
vie. Ce voyage à Paris fut une suite de réceptions gracieuses, de témoignages d'estime et de compliments. Je ne
puis oublier que M. Camille Eschassériaux fut charmant,
dans la visite que j'eus l'honneur de lui faire alors ; il connaissait l'injustice de ma disgrâce et me félicita sur la réparation que j'en avais obtenue. Combien j'ai eu à m'en louer
un peu plus tard ! Et combien j'ai regretté de le voir enlever,
à la fleur de l'âge, à son intéressante famille et au pays qu'il
eut honoré par sa capacité et ses services !

A mon retour à Bourbon, je trouvai ma famille et mes
amis bien satisfaits de l'éclatante réparation dont j'avais
tant eu à me louer ; mais tous regrettaient, comme moi, la
séparation qui allait en résulter. Les envieux, que mon
malheur avait un instant réjouis, n'osaient m'aborder. Je
dois dire, en sincérité complète, qu'ils étaient en nombre pour
ainsi dire imperceptible ; car en ville et dans tout le pays, le
souvenir de mes services était vivant et on avait la bonté de
me dire que mon départ était un malheur public.

Lorsque je me présentai au procureur général, à Poitiers,
pour ma prestation de serment, il se montra gracieux et me
félicita d'avoir obtenu un acte de justice, qu'il avait, disait-il,
constamment réclamé pour moi.

Je ne fus pas très convaincu de sa sincérité ; je crus
même que ses cajoleries tenaient un peu de la crainte que ma
faveur actuelle lui inspirait ; mais je fis comme si j'avais été
convaincu de son bon vouloir et je reçus, avec une expression
de reconnaissance, le congé de vingt jours qu'il m'accorda
sans la moindre difficulté. Je trouvai là M. Louis Bandry,
mon prédécesseur, qui prêta, le même jour que moi, son serment de vice-président. Il fut témoin de l'accueil empressé
qui m'était fait partout et cela me prépara, à Saintes, une
bienveillante réception.

Après un séjour trop tôt écoulé, à Bourbon-Vendée, je
partis pour Saintes, où j'arrivai le 19 mars 1832. Je trouvai
là un accueil bienveillant, mais réservé. Ma nomination

avait empêché celle de M. de Lauzon, beau-frère de mon prédécesseur ; ensuite les préventions qu'avait accréditées ma révocation n'avaient pu, là, être dissipées comme sur les lieux ; mais je me hâtai de donner à Mᵣ Savary, président, Brung, juge, et à mes substituts, communication des pièces et documents que vous connaissez, mes enfants, et cette confidence, promptement transmise aux autres membres du siège et aux personnes notables de la ville, me procura immédiatement d'affectueux témoignages d'estime, qui, grâce à Dieu, ne se sont jamais démentis depuis.

Lors de mon installation, le 22 mars 1832, je prononçai un discours écrit bien à la hâte, qui fut parfaitement accueilli. Tout le monde et le sous-préfet en tête, voulaient avoir ce discours, que je n'avais point destiné à l'impression. Hus, éditeur d'une petite feuille d'annonces, vint à plusieurs reprises me le demander et je finis par le lui remettre.

Vous le trouverez dans la feuille d'annonces du 29 mars 1832. Il commence par cette allusion à la position que l'on m'avait faite :

« Une douloureuse révocation, surprise par des rapports calomnieux, à la loyauté du gouvernement, m'a forcé de descendre pour quelque temps du banc du ministère public. Je ne veux me souvenir en ce moment, messieurs, que de la justice qui m'a été noblement rendue, que de la bonté du Roi qui a daigné, par de touchantes consolations, donner à cette réparation le complément le plus significatif et le plus satisfaisant. »

Peu de temps après mon installation, la duchesse de Berry passa en Saintonge, pour aller dans la Vendée, où elle pensait trouver une armée prête à ramener son fils sur le trône d'où était descendu Charles X. Elle avait donné de hauts grades à un certain nombre de royalistes du Midi. Messieurs Durepaire, Desmesnards, de Chièvre et Monnier étaient partis de Saintes et s'étaient rendus dans les environs de Parthenay, où ils furent pris à la première tentative qu'ils essayèrent. Dans la Vendée, particulièrement, les anciens chefs refusèrent de marcher. Tout ce que put la princesse, fut de réunir 700 à 800 hommes, que le général Rousseau mit facilement en déroute dans les landes de Saint-Philbert-de-Bouaine, près Roche Servière. Quelques officiers étrangers au pays furent arrêtés et on prétendit qu'il en eut été ainsi de la duchesse, si le général Rousseau se fut attaché à sa poursuite. Il n'y eut plus aucun autre mouvement sérieux et vers le mois de novembre, la princesse, arrêtée à Nantes, fut transférée au château de Blaye, où elle accoucha d'une fille. A cette occasion, les Vendéens étaient furieux contre le comte de Mesnard, chevalier d'honneur de la princesse ; ils lui imputaient l'événement ou tout au moins lui reprochaient de ne l'avoir pas empêché.

Dans la Charente-Inférieure, on avait mis toutes les gardes nationales en mouvement ; les habitants des campagnes demandaient à marcher sur la Vendée où, certes, les gens paisibles auraient eu à souffrir. L'exaspération était tellement excitée, qu'on redoutait de graves excès sur les personnes. Un mot imprudent, lâché par une personne bien posée, eut déchaîné cette population sur les nobles et sur les prêtres. Il y avait, sur la maison de M. de Saint-Légier, en Fontcouverte, une girouette représentant une fleur de lys. Les paysans voulaient démolir l'habitation. Le sous-préfet de Saintes était un M. Blanc, pauvre homme, qui ne savait quel parti prendre. Je lui rédigeai un arrêté, motivé sur la nécessité de prévenir de graves excès et qui prescrivait l'enlèvement de la girouette, ce qui fut exécuté. L'insurrection qui éclata à Paris, au mois de juin 1832, amena des mesures assez sévères contre certains fonctionnaires ; elles firent peu de victimes dans mon arrondissement et je n'eus pas à m'en mêler.

Un soir, je fus prévenu que M. Berryer, revenant de Nantes, où il avait certainement eu une conférence avec la duchesse de Berry, allait arriver à Saintes. Je le fis arrêter et amener devant moi. Il m'exhiba un passeport qui l'autorisait à se rendre aux eaux du Piémont, et me demanda de le laisser passer. « Je ne le ferai pas, lui dis-je, sans en avoir référé par ordonnance au procureur général et au préfet. Je sens bien que j'engage ma responsabilité ; mais je l'accepte. — Mais enfin pourquoi m'arrêtez-vous ? — Parce que vous avez évidemment pris part au complot d'où vous attendiez la chute du gouvernement ; vous deviez être le garde des sceaux du gouvernement provisoire que la duchesse de Berry espérait pouvoir organiser à Nantes. — Vous êtes dans une grande erreur, si vous m'avez cru assez bête pour donner dans un tel projet ; vous saurez un jour que mon voyage en Vendée avait un tout autre but... On a gâché en six semaines ce que nous avions fait de bien en dix-huit mois. — Eh bien, Monsieur, restez ici deux jours, sur votre parole, à l'auberge où, pour l'instant, je suis moi-même, en attendant la réponse que je vais demander. »

Force fut bien à M. Berryer de se résigner. Il me demanda l'autorisation d'aller faire une courte visite à M. de Blossac, je la lui accordai ; mais je le fis soigneusement surveiller. Peu de temps après, je pus annoncer à M. Berryer qu'il était libre et j'ajoutai : « Vous pouvez vous plaindre, si vous le jugez convenable, de cette douce arrestation; je me défendrai. — Mon Dieu, elle m'a contrarié, mais je ne m'en plaindrai pas. » Il partit et fut, par ordre du gouvernement, arrêté à Angoulême.

Depuis cette affaire jusqu'à la Révolution de 1848, je n'ai pas eu une seule occasion de sévir contre qui que ce soit en matière politique. Pendant les seize années de mon exercice, j'ai poursuivi de grands criminels, soutenu de terribles accusations, et fait exécuter bien des condamnés. Dans aucun temps je n'ai éprouvé d'entraves dans l'exercice de mes fonctions ; je puis dire que j'y ai conservé intacte et respectée l'autorité que le Roi m'avait confiée ; les partis exaltés même me rendaient parfaite justice et en un mot, j'ai passé là, je le confesse sans hésitation, les plus heureuses années de ma vie.

M. Camille Eschassériaux, député, m'honorait d'une bienveillance toute particulière. En 1834, il demanda à M. Persil, garde des sceaux, une place de substitut pour toi, mon cher Jules, qui avais déjà au barreau une réputation de capacité remarquable.

« Je vous la demande, mandait-il, non seulement pour le jeune avocat, mais encore pour son père, qui a su faire respecter et chérir par tous les partis l'autorité du Roi. »

Ta nomination, mon cher enfant, ne se fit pas attendre. Malheureusement, cet homme de bien, que sa position et ses moyens appelaient aux plus hautes dignités de l'Etat, a été enlevé à sa famille, à ses amis, à son pays, à la fleur de son âge.

Je l'avais vu au lit, trois jours avant sa mort ; je l'ai pleuré.

Je retrouve, dans mes papiers, le brouillon d'une lettre que m'avait demandée et que publia M. Parran, sous-préfet, pour provoquer une souscription destinée à l'érection d'un monument à la mémoire du regrettable défunt. Cela n'a pas eu de suite.

Ce même sous-préfet est devenu préfet de la Mayenne, secrétaire général de la préfecture de la Seine, où je l'ai retrouvé en 1846.

Il fut très officieux, pour me montrer, ainsi qu'à Emile et à sa chère femme, qui m'accompagnaient, toutes les splendeurs de l'hôtel de ville.

A M. Parran succéda, comme sous-préfet, M. Ludovic de Tanlay, homme de cœur, d'intelligence, mais un peu jeune, auquel j'ai été souvent utile. Il est en ce moment préfet de la Somme et nous sommes restés très bons amis. J'ai, de lui, des lettres charmantes ; la dernière est relative à la décoration dont l'empereur m'a gracieusement fait la remise, dans une occasion dont j'aurai plus tard à m'occuper.

Dans toutes les affaires capitales dont j'ai eu à soutenir la discussion, j'avais toujours à lutter contre maître Limal, avocat, en matière criminelle surtout, d'une habileté exceptionnelle. Personne ne savait mieux présenter les charges dans leur gravité réelle, les expliquer, les diviser, les amoindrir, et il avait un art admirable pour faire jaillir avec force le moindre moyen justificatif. Je m'aperçus promptement que je n'étais pas en état de soutenir oralement des discussions où ce redoutable adversaire brillait avec une incontestable supériorité. Je m'astreignis, dès lors, à écrire mes réquisitoires ; ils sont à peu près tous aux mains de mon cher Emile.

Il y a eu des accusations dont les débats duraient deux et trois jours. Après l'audition des témoins, j'obtenais ordinairement le renvoi au lendemain. J'arrivais alors à l'audience, avec un réquisitoire où j'exposais, de mon mieux, les charges, les preuves, la nécessité de punir de grands forfaits, etc. On était surpris du travail énorme auquel j'avais pu suffire, et on avait assez généralement la bonté de m'en féliciter. Ces réquisitoires faisaient ordinairement grande impression sur le jury et l'éloquence de l'avocat échouait dans la plupart des hautes accusations. Je répliquais rarement ; mais si la plaidoirie du défenseur me paraissait avoir compromis ce que je regardais comme un intérêt social, ou si des témoignages graves avaient été insidieusement interprétés, je faisais revenir les témoins essentiels, rétablir les déclarations dans leur sincérité, et je laissais au président le soin de résumer les débats.

Le parquet de Saintes exigeait au grand travail, beaucoup d'ordre. Je crois n'en avoir jamais négligé les devoirs; ma santé en souffrait souvent, surtout après les assises ; mais je trouvais un grand dédommagement à des travaux incessants, dans le concours que m'ont toujours prêté d'excellents substituts, dans l'affectueuse estime et la confiance des magistrats du siège. Je crois qu'il était à peu près acquis que nul parquet du ressort de Poitiers n'était mieux tenu que celui de Saintes.

Messieurs Vallein et Gaudin, avocats, avaient fondé, à Saintes, un journal politique et d'opposition. Dans les dernières années du règne de Louis-Philippe, ils se livrèrent souvent à des utopies socialistes, et surtout aux plus violentes attaques contre le gouvernement Plus d'une fois, j'aurais certainement pu les poursuivre, car ils commettaient des délits véritables. Mais ces poursuites devaient aboutir à la cour d'assises, où ils auraient certainement été acquittés par le jury. Je ne manquais pas d'informer de ces faits M. le procureur général ; mais je lui représentais qu'une poursuite serait pour ces messieurs un piédestal, et qu'il valait mieux laisser mourir, dans ce journal peu répandu, des attaques injustes, qui passeraient pour ainsi dire inaperçues, que de les reproduire dans une discussion solennelle. Messieurs les procureurs généraux m'ont toujours cru, et je crois qu'ils ont bien fait. Dans ce temps-là, nous pensions que l'homme violent était M. Vallein et l'homme de talent M. Gaudin. C'était tout le contraire ; la suite nous l'a démontré. M. Vallein, homme d'ordre et sérieux, s'était, il est vrai, laissé entraîner dans un système déplorable d'opposition dont il a, plus tard, manifesté un noble repentir ; mais les attaques brutales, ramassées dans les plus mauvais journaux et les rêveries socialistes, puisées dans la Démocratie pacifique de Considérant, étaient de la plume de M. Gaudin.

Dans les derniers mois de 1847, les membres de l'opposition de la Chambre élective organisèrent, dans maintes localités, des banquets dits patriotiques. Messieurs Odilon Barot, Duvergier de Hauranne et Compagnie n'y voyaient qu'une attaque contre le ministère. Mais Ledru Rolin, Arago et autres, voulaient en faire sortir une révolution. Le ministère, qui pouvait et devait entraver ces dangereuses démonstrations, manquait de résolution ; peut-être était-il arrêté par les déplorables scrupules du Roi ; toujours est-il que le travail de démolition se continua de toutes parts.

Messieurs Vallein et Gaudin voulurent aussi avoir leur banquet ; ils en offrirent la présidence à M. Dufaure, qui eut le bon esprit de refuser. Après maintes autres démarches inutiles, ils prirent le parti de demander un président à Paris. On leur envoya M. Crémieux, qui, logé chez M. Duret, présida ce banquet. Il y fut prononcé force harangues, et le lendemain, M. Crémieux, gorgé de truffes et d'huîtres, à un grand déjeuner pris chez Dumay, reprit la route de Paris ; mais il s'était fait payer son voyage ; plusieurs paysans, qui n'avaient pas souscrit, avaient pris place à la table du banquet. Il résulta de tout cela un surcroît de dépense auquel les commissaires devaient pourvoir. Messieurs Briault, Menudier et quelques autres, qu'on avait entraînés là, trouvèrent la charge trop forte, refusèrent de solder les gargotiers, et ceux-ci intentèrent une poursuite qui couvrit ces messieurs de ridicule. Je dus informer M. le procureur général de ces burlesques détails ; on s'en moqua à la Cour royale. Plus tard, un grave magistrat m'en fit un reproche et y vit une excuse de la mesure qui, comme j'aurai à l'expliquer, ne tarda pas à m'éloigner du siège du ministère public.

A. TORTAT.

FIN

ABBEVILLE. — IMPRIMERIE F. PAILLART

Arthur **CHUQUET**, *Membre de l'Institut*

ORDRES ET APOSTILLES DE NAPOLÉON
(1799-1815)
TOME PREMIER. — In-8 jésus de 400 pages : **3 fr. 50**

BIBLIOTHÈQUE INÉDITE DE LA RÉVOLUTION ET DE L'EMPIRE
Publiée par **Arthur CHUQUET**

Cette collection contiendra surtout des lettres et de courts mémoires sur les événements et les personnages de la Révolution et de l'Empire, et nous tâcherons qu'elle soit aussi intéressante qu'instructive.

Les volumes qui la composent, paraîtront « sans contrainte », comme disent les Allemands, quand et comme il nous plaira, à mesure qu'ils seront prêts, et sans nous astreindre à l'ordre chronologique. Plusieurs volumes que nous donnerons la même année même et coup sur coup, montreront que notre collection vit et veut vivre.

Sans négliger les documents généraux et les pièces officielles, les lettres et rapports des chefs d'Etat et d'armée, nous publierons des lettres particulières, des documents privés, émanés de personnages secondaires, de subalternes et de sous-ordres, parfois aussi des traductions de textes étrangers, qui sont, ou à peu près, ignorés en France, parfois aussi des écrits exposés, de petites dissertations, des notices.

Nous n'avons pas la superstition de l'inédit, et nous publierons des choses déjà publiées, mais rares, et renouvelées, rafraîchies par le commentaire. Nous apporterons également de l'inédit. Mais qui peut jurer qu'un document est inconnu ? On proposait à un jeune homme désireux de faire une thèse, le sujet suivant : *De quibusdam ineditis jam editis*. Si donc nous publions du « déjà vu », nous prions nos lecteurs de ne pas nous en vouloir, et puisque nous leur citons du latin, qu'ils se rappellent le vers

Indocti discant et ament meminisse periti.

Inédit déjà « édit », les uns, tout de même, le liront pour la première fois, les autres aimeront à le relire.

ARTHUR CHUQUET, *Membre de l'Institut.*

Prix de chaque volume in-8° écu : **3 fr. 50**

Viennent de paraître :

Lettres de 1815, 1 vol.　　　**Lettres de 1812**, 1 vol.
Lettres de 1792, 1 vol.　　　**Lettres de 1793**, 1 vol.

MOREL-FATIO (Alfred), *professeur au Collège de France.* **Catalogue des manuscrits espagnols de la Bibliothèque nationale. 2 volumes in-4°** .... **35 fr.**

Études sur l'Espagne. Première série. 2° édition revue et augmentée. 1895, petit in-8... **5 fr.**
Contenu : I. L'Espagne en France. — II. Recherches sur Lazarille de Tormes. — III. L'histoire dans Ruy-Blas. — IV. Espagnols et Flamands. — V. Le Don Quichotte envisagé comme peinture et critique de la société espagnole du XVI° et du XVII° siècle.

Deuxième série. 2° édition, in-8 .... **6 fr.**
Contenu : Grands d'Espagne et petits princes allemands au XVIII° siècle d'après la correspondance inédite du comte de Fernan Nunez avec le prince Emmanuel de Salm-Salm et la duchesse de Béjar.

Troisième série. 1904, in-8 .... **6 fr.**
Contenu : I. La lettre de Sanche IV à Alonso Pérez de Guzman. — II. Un drame historique de Tirso de Molina. — III. D° Marina de Aragon. — IV. Une comédie de collège. — V. Histoire de deux sonnets. — VI. Soldats espagnols. — VII. Un grand d'Espagne, agent de Louis XIV. — VIII. La golille et l'habit militaire. — IX Fernan Caballero. — X. L'espagnol de Manzoni. — XI. Mélanges de philologie.

La Comedia espagnole du XVII° siècle. Cours de langues et littératures de l'Europe méridionale au Collège de France. Leçon d'ouverture. 1885, in-8 .... **1 fr. 50**

MÉMOIRES DU CAPITAN ALONSO DE CONTRERAS
Lequel de marmiton se fit commandeur de Malte
Ecrits par lui-même et mis en français par MARCEL LAMI et Léo ROUANET
1911, in-8 écu : **3 fr. 50**

La vie du capitan Alonso de Contreras est à peu près inconnue en Espagne : elle est tout à fait inconnue en France. J. M. de Heredia, en ayant goûté l'extrême verdeur, avait l'intention de la traduire ; la mort l'en a empêché. L'aventurier Contreras, héros et ruffian, sauveur de peuples et pillard, méritant à la fois la gloire et la hart, avait frappé ses contemporains. Lope de Vega, qui lui dédie une de ses pièces, avait l'intention de célébrer ses aventures en un poème historique.

Ces mémoires sont un des livres les plus divertissants qui soient et les plus accusés ; c'est écrit à la diable par un homme qui agissait à la diable. Ils feraient la joie — pour des raisons différentes — d'un Stendhal, d'un Gauthier, d'un Dumas.

Tour à tour apprenti, gâte-sauces, valet, soldat, marin, pendard presque pendu, corsaire, pillard, justicier, capitaine de terre et de mer, gouverneur de villes, ermite entre temps et commandeur de l'ordre de Malte, pour couronner, Contreras a une vie que nos courages amortis considéreraient comme invraisemblable, si nous n'avions d'ailleurs confirmation de ses hauts faits, accidents et prouesses. Parti de rien, ayant touché à toutes les extrémités de ce que les cœurs faibles appellent remords ou malheur, il en vient à être reçu avec honneur par le roi et le pape et même intronisé chevalier dans l'ordre qui réclamait quatre quartiers de noblesse et des vertus ..

Comment il meurt, on ne sait. Pendu, roi d'une île, gouverneur de ville, moine, besacier, brillant officier ? Personne n'en a pu découvrir. Et cette obscurité finale couronne d'un harmonieux mystère la vie de l'extraordinaire aventurier.

www.ingramcontent.com/pod-product-compliance
Lightning Source LLC
LaVergne TN
LVHW012310170726
843503LV00002B/659